好好理財

善用記帳 × ETF投資
打好與金錢的關係
提早十年完成夢想

Marra——著

當知識與財富同時套用了複利公式

上個月剛好被母校系主任邀請回去和學弟妹們分享我所處的產業與個人工作經驗，希望我多圍繞在聊聊「金融科技」這個產業生態和工作樣貌、最好可以搭配一些過往的創業經驗。我不禁遲疑了一下，該如何對一群十六、七歲的學生形容「金融、科技、投資、創業」與他們的關係，還能引起他們的興趣？

回頭想想，這正是多數像我們非財會本科背景的人在學校、家庭教育中普遍缺乏的一整塊通識溝通，也讓這件可以「越早瞭解越好」的事，常常留到我們出社會好幾年後，透過同事、前輩、媒體的宣傳提醒，才慢慢成為我們待辦事項中的一件遲遲不能打勾的選項。

這幾年，觀察到不少知識份子們把辛苦錢拿來投入他們口中的「炒」股、「玩」股票時，我期待，總會有越來越多的台灣人，會慢慢認同查理‧蒙格說的「我想自己不是受到良好教育的典範，我是自己學會通過閱讀而獲取自己想要的信息」如此地透過閱讀去體悟人生。總之，我想先恭喜你，不管你現處於人生的哪個階段，從拿起這本書的這一刻開始，你已經超越

了昨天的自己，想到可以每天有著一點點的進步，真棒！

　　本書中讓我特別反覆思考且最具有感染力的部份，是作者提到理財之於生活的三種角色關係「顧客、老闆、和員工」，生動地讓理財的各個面向更融入了我們的日常和行為，降低了從理解到開始執行的門檻，尤其對理財初心者來說，這幾大概念與方法具有親切的「可執行性」，透過一次、兩次達成了短期的理財目標，而產生激勵再持續的正面效果。當中第一個讓我特別有感的是「價值觀」的探索，我觀察到有一群為數不少的人都卡在「再一次重新理財投資」的無限迴圈（和挫敗感）裡的原因是，當我們沒有真正識別我們的「為什麼」時，外在行為的模仿往往難以持續。即便當你以為自動化理財系統已經讓人生數字妥妥當當時，事實上還是得倚賴這個「得以持續」的設定，才可以真正確保自己，不會毀掉我們多年累積的成果。

　　最後一個則是由作者在自媒體中也時常提到、非常精華的概念，也就是成為理財路上的「老闆」，以及其所須要採取的必要行動──認識並投資 ETF。作者對 ETF 的著墨深入淺出，快速讓你體驗到這樣的投資類型，透過了「時間」的維度、也

就是投資大師 Warren Buffet 提過的「長長的坡道」，能成就出何等威力的複利效應。

　　不論你現在幾歲或是人生哪個階段，不論你是第一次、或是第 N 遍重新開始，讓我們都試著以中長期思維往後看 二十、三十年，期望到時候的我們可以驕傲地跟現在的自己說，dear you did a great job，還好你在那一天，就開始了這個行動計畫。

群馥科技（富果）行銷長

劉茗君

作者序

從現在開始成為聰明的顧客、自己的老闆和最好的員工

　　你好，我是 Marra，我是一名工程師，也是 IG 理財帳號「好好理財」的主編。

　　市面上的理財書有非常多，為什麼我還要出這 N+1 本呢？主要有兩個原因：一個是我想利用自己跟理財小白們交流的經驗，用同樣是理財小白的角度寫一本任何人都能懂的理財書；再來是，每天回覆大家的問題，有時候內容我也會忘記，如果有一本書做紀錄，就能更有效的幫助大家。

　　在我回覆過上千則理財小白詢問的問題裡，我發現大部分都集中在某些議題，例如：我該選哪一檔 ETF？ETF 是股票嗎？月收入 45K 怎麼做理財的規畫？

　　這些問題，表面上是想要獲得一個正確的答案，但同時也可能隱含對某些知識的渴望，而最深層的，或許是想安身立命，追求快樂生活。

　　由於問題的高重複性，在我這本書的統整架構下，絕對能夠一次解決多數理財小白對於投資理財的疑問，最後希望能夠間接幫助各位追求一個自由的人生。

　　這本書主要涵蓋了三個部分，也是我自己覺得新手要開始

投資理財最重要的內容：

1. 快速建立理財目標
2. 如何正確執行理財計劃
3. 打造自己被動投資的系統

簡單來說，就是希望透過這三個部分，幫助各位成為聰明的顧客、做自己的老闆同時也是自己最好的員工，讓理財投資變得更有意義，更容易執行。

在書寫這本書的時候，我給自己設下的挑戰是，任何讀者不管翻到書中的哪一頁，都能夠很快速地讀懂，尤其是沒有任何投資理財經驗的人，也能夠快速進入狀況。

把複雜的理財知識變簡單，一直都是我的專長，也是「好好理財」這個帳號能夠在短短一年內就超過 10 萬人追蹤，至今累積 24 萬粉絲的原因。所以在這本書也保留「消除每個人進入投資理財的障礙」這樣的精神。

從如何建立自己的第一份理財計畫表、到找出自己亂花錢的成因、推敲出自己買東西的一些原則，然後一次說清楚 ETF 的起源，最後教你如何利用我寫的 App，找到適合自己的標的，打造被動收入。這些細節，都會用最白話的方式去介紹，

當然也不會馬虎。

現在是全民瘋 ETF 的時代，從最早期只有 0050 一支市場型 ETF，到後面逐漸成長出五花八門的 ETF。

很多人會以為，它是一個投信公司發明的證券商品，但其實它的出現就像是進化論一樣，是從過去某些商品經過時間長久累積下來，逐步優化改良最後才誕生，並逐步被世人接納。

ETF 最主要的精神是，讓更多人用很低廉的成本，且是快速容易獲得的方式，去取得整個股票市場中的平均報酬。簡單來說，就是股市整體賺錢，你也會賺錢。

最早提出這一個概念，並且實際把它活化成交易商品的是先鋒集團的創辦人，約翰‧伯格。在我心目中，約翰‧伯格是比股神巴菲特還了不起的人物，他從大學研究時就提出了一個論點：與其花錢去找股神，不如用很便宜的成本去買下全市場的股票，長期來說，會比專業的投資人表現的還要好。

後來，市場數據證實了他的論點，他更抱著這樣的理論一手推出了指數型基金，也就是 ETF 的前身。讓每個人都能夠參與投資，並且長期賺錢，是 ETF 誕生過程中，我覺得最迷人的一個精神。

我在書中有完整描述了 ETF 誕生的起源，以及他想解決人

類投資的哪些問題。

其實，如果你看完整個脈絡，你大概就會知道哪些 ETF 可以買，哪些不要買，因為有些商品是違背「簡單複製市場報酬」這一初衷的。

所有複雜的投資行為背後，都是最簡單的邏輯，它不是要解決投資人的問題，就是要解決發行這個商品的人的問題，掌握每一個理財投資行為的核心精神，你就能跟創世神一樣，用簡單的幾個素材，打造自己的設備跟武器。

我一直覺得，投資理財的世界，大家喜歡看起來很複雜很專業的東西，好像那樣子自己會得到更多，但往往是得到更多的說明書啦！

越簡單的邏輯，越是不複雜的理財方式，才有可能持續，並且不斷地從中進步，因為你能夠在自己的認知範圍內完全掌握這一套方法，這就是你自己的資產，別人奪不走，也能夠馬上知道自己哪裡還能做調整。

如果說，其實你本來就會投資理財，你相信嗎？

很多書為什麼你一看就懂，其實是你內心本來就有這樣子

的想法跟概念，只是作者用比較有結構的方式，引導你把你腦中在不同房間裡的概念，連貫起來罷了。

無關乎出生經歷與成長背景，你一定要相信你內心就存在著能夠成功投資理財的元素。

而這本書就是要幫助你，把你心中本來就會想做的投資理財用更有邏輯、簡單的方法寫出來，讓你可以更具體的執行你內心中對理財致富的想像，讓腦中的想法化為具體的行動。

如果這本書能夠讓你做出某一個理財行動，那這本書的 KPI 就達到了，我會很開心的！

目次

chapter 1

打造你的正確理財觀念

chapter 2

先除理財的苦，開始正向理財

chapter 3

學習成為聰明顧客，了解用錢習慣

chapter 4

做自己的老闆前，先定期定額ETF

chapter 5

學習成為自己的老闆，利用ETF賺取被動收入

chapter 6

學習成為自己最好的員工，設定目標，肯定自我

後記

打造你的正確理財觀念

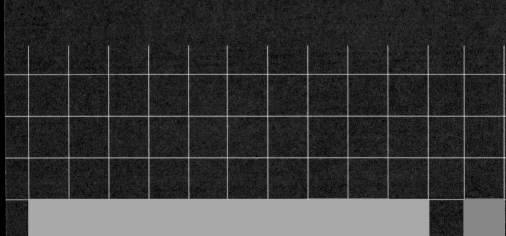

打好與金錢的關係，做好三種角色

跟金錢有關的角色，總結來說只有三種：**老闆、員工和顧客**，而**理財說簡單點，就是做好這三種角色**。

但凡對這些角色有清楚的認識，在理財上我們就會知道身為這三個角色時，會做什麼事情、該做什麼事情以及可以做什麼事情，有了答案就能避免胡亂花錢、隨意投資或聽別人報明牌亂買股票。

所有的理財規畫與投資方法，都能透過對這三個角色的認識與定義，產生非常清楚的執行方法。

老闆角色──讓錢生錢

老闆是有能力讓錢滾錢的人。不管是僱用他人替自己工作、找到專屬商業模式、甚至買入會增值的資產，只要能夠投入一塊錢多收回比一塊錢更多的人，這樣的人我們就稱為老

闆。這世界上所有富可敵國的富豪們，多半都是擁有清晰老闆思維的人。

傑夫・貝佐斯（Jeff Bezos）是全球最大的電子商務平台亞馬遜（Amazon）的創辦人，同時也是全球最富有的人之一。他在 1994 年創辦了亞馬遜網路商店，三年後在納斯達克交易所上市，在當時貝佐斯的身價約為 10 億美元。對比二十六年後的現在，他的身價足足翻了 160 倍，高達 1,621 億美元。這種驚人的財富增長，就是老闆思維發揮到最徹底的案例。

擁有老闆思維的人，知道怎麼讓錢變更多；神人級老闆思維的人，則能讓錢多到數不盡。

員工角色──賺取固定收入

員工是用自己的勞力、智力以及時間跟老闆交換金錢的人。員工的收入是固定的，就算有績效獎金也會在可預期的範圍內。薪資雖然會隨著工作經驗的累積以及自身技能的進步而有所成長，但相比一間公司的股價能有數十數百倍的成長，我們的薪水增長在這一輩子能夠有三到五倍幾乎遙不可及，甚至對很多人來說，薪資能翻倍都已是不太可能。

從數據上來看，台灣 2012 年的年總收入薪資中位數是 44.2 萬元，一直到 2020 才正式突破 50 萬元，換算下來，其實也就

每個月月薪多 5,000 元而已。因此想靠著經濟社會的進步、升職並加倍努力工作賺取更多報酬，雖然可行，但成效其實很有限。

身為員工，我們可以賺取薪資，但讓錢增值的能力卻非常有限。

顧客角色──用錢提升生活與自我

顧客是拿錢購買自己想要的物品或服務的人，花錢的機會無處不在，且不僅在大人的世界，我們在很小的年紀就知道如何花錢。**社會上沒有人不知道怎麼花錢，也因此，顧客的角色是跟隨我們最久，也是最熟悉的一種金錢關係。**

仔細想想我們付出的每一塊錢，幾經輾轉，最後總是會流到某一個人的戶頭裡。如果我們拿錢交換的服務或物品，會讓我們擁有難以忘懷的體驗或是解決生活基本所需，就是一個可以讓自己變得更好的交易。但如果只是買一個很短暫的快樂，甚至超出我們能力所及的金額，那就是把辛苦錢奉獻給另一個人而已。

做一個顧客，我們沒辦法把錢變更多，可是把錢花在對的地方，可以提升自己的身心健康等無形資產，反之，就只是白白把錢送出去。

既然我們跟金錢的關係一定不脫離以上三種角色，回歸到最前面所說的，想要累積財富提早退休或是開一間夢想咖啡廳等，要達成這些跟理財有關的目標的方式，其實就是徹底了解三種角色跟金錢的關係！

有了上述兩種認知，所有複雜的理財問題都能歸納找出問題點與解決方向，同時掌握具體明確的執行方法，而你也更能評估自己現在究竟是擔任何種角色。

如果一個人懂得開源節流，仔細掌控每一筆金錢的流向，只買自己真正會開心的東西，那就是對顧客的角色有了正確的認知。

如果他還能夠透過審慎投資，賺取長期的報酬，利用錢滾錢的複利效應，讓自己在開源節流之外累積更多財富去達成自己的夢想，那他就是除了做對顧客的角色，還擁有了老闆的思維，並且有基本收入的員工能力。

所以，**理財並沒有那麼複雜，你我都能輕鬆做到。**

認識金錢，了解錢的本質

「你就要認真讀書才能找到好工作，將來可以買車、買房、成家立業！」

這句話我們從小聽長輩們說到大，聽起來有道理，也沒有邏輯上的錯誤，但它卻是讓我們害怕談論金錢、不願意好好正視金錢關係的一個起源。

它傳達出「人生是否幸福是由金錢來衡量」的概念，好像人生必須時時刻刻為了累積金錢數量而努力，如果不存到房子的頭期款，就算找到好工作也不是快樂的人生；書讀得再好，沒有賺到第一桶金，也都是白費。

金錢變成了一種禁忌話題，因為在這個普遍以身家多少衡量一個人價值的社會，每個人都不願意被赤裸地攤開來比較。金錢是一種我們苦苦追求卻不一定能得到的稀有產物，如果公開談起，甚至還可能被看到自己有多麼不足，所以我們往往選擇避而不談。

但請記住，**賺很多錢不會是我們追求的人生成就，錢也不該是我們生活中要緊緊握住死守的物品。**

金錢不是拿來比較的，找到想做的事情，錢才有用

錢不是試卷上的分數，不需要跟其他人競爭比較。金錢多寡與他人無關，但我們很容易羨慕別人開名車或大買名牌；質疑為什麼富二代出生就坐擁可觀的財產；忌妒不是特別聰明的人，卻擁有好機會在對的時間想到絕妙商業點子，賺取到超高報酬，可是這並不代表我們要因此開始追求金錢的數量。

每個人的起跑點不盡相同，而成功有時很隨機，真要認真計量永遠比不完，且比較的基準也完全不同，所以不需要以金錢作為標準跟他人相比。**每個人有他自己的時區，有不一樣的時程跟機運。**

錢不該是我們人生努力追求的結果，而是能讓我們實現自我的工具。

錢買不到快樂，可是錢可以讓我們選擇更健康的飲食、更乾淨的住宿環境、更好的學習資源等，讓我們比別人更早一步獲得技能。**透過金錢，我們可以打造更健康的身體，擁有更專注於自己夢想的心靈，它是我們可以達到理想自我的重要工具。**這才是錢的本質。

討論金錢，數字不是重點，我們跟錢本質上只有一個關聯，那就是「錢可以為我做什麼」？

哈雷爾的案例讓我們忍不住思考，為什麼這麼有錢卻仍舊不快樂呢？

錢不是人生快樂與否的指標，而是達到目標的工具，如果找不到人生亟欲實現的目標，再多的錢也無用，反而只會產生越多的困惑。

現在讓我們反問自己，如果明天起床，會讓你感到很有動

小故事時間／中樂透一點也不快樂

比利·鮑勃·哈雷爾（Billie Bob Harrell Jr.）在德克薩斯州的一個小鎮上工作，過著單純的生活。1997 年他購買了一張樂透彩票，意外地中了 2,100 萬美元的獎金。這一筆突如其來的財富，改變了他和他的家人的生活以及他們的命運。

哈雷爾在贏得樂透後，開始大手大腳地花錢，他購買了一輛豪華轎車、一幢新房子，並樂於借錢給親友，援助需要幫助的人。然而，這種使用金錢的方式與生活的大幅改變，很快地讓他的生活開始變得複雜。不久之後，他開始感到壓力和憂慮，覺得許多人只是因為他的財富而接近他。他對金錢的存在感到困惑，進而影響了他的婚姻關係，最終導致了與妻子的婚姻破裂。

在贏得樂透的幾個月後，哈雷爾的生活沒有變得輕鬆，反而顯得沉重，在無法應對種種壓力和困難下，最後他選擇在家中扣下板機自殺身亡。

力，很開心的一件事，會是什麼？

先找到這個答案，錢對我們來說才會是有價值的工具。

這個答案不用很偉大，但必須是你真心想要的。就算是開一間寵物咖啡廳，或是單純想要早一點退休，擁有餘裕陪伴家人的生活，都是很好的答案。

只要是你自己內心真正想要的，越明確的目標，金錢跟你才會產生緊密的連結，錢才會因此而有意義。

錢的價值是會浮動的，大部分時候甚至是萎縮

錢可以進行交易，也具有保值的功能。就算今天不把錢花掉，過了十年之後，手上的錢還是可以拿來買到東西。但你知道嗎？錢其實並不是一個很保值的物品。

隨著時間流逝，同樣面額的鈔票能買的東西實際上變少了。像是十五年前 50 元可以買到一個排骨便當，現在卻只能買到一片排骨。

更極端的案例如 2013 年中國經歷了一場嚴重的通貨膨脹擔憂，原因來自商品價格上升和房地產市場的快速增長。許多中國人開始擔心貨幣貶值，因此轉向購買黃金作為一種避險措施。當時一些中國的中年婦女被戲稱為「中國大媽」，被認為是購買黃金的主要參與者之一，這些中國大媽開始排隊購買黃

金，導致金店爆滿，黃金價格上升。他們認為，黃金是一種相對穩定的資產，能夠保值並且擁有對抗通膨的功能。這種購買黃金的潮流也引起了市場的波動。黃金價格因為大量的購買而上升。他們正是害怕自己手上的錢購買力下降，能買到的東西會變少，才把錢換成更保值的黃金。

通膨率如果大於你把錢放在銀行的利率，那其實每一天你的錢都在變薄。

因此，不要覺得把錢放在銀行就是萬無一失的計畫，死死地守住一堆錢忍著不花是沒有意義的事情。能夠把錢換成對的資產，反而能增值，還能有更好抵抗通膨的防禦力。

每一塊錢，只要是放在銀行或是保險箱甚至是你的枕頭下，它都必須有一個你能夠忍受它變薄的理由，拿來作為緊急預備金、償還貸款或是支付一般生活所需。否則，不要無意義死守一堆金錢，因為他只會變薄，**不妥善利用金錢，實際上就是在浪費錢。**

何謂富裕？

　　戶頭擁有 500 萬，是富裕嗎？那 5,000 萬呢？

　　我們說一個人富裕，指的是擁有充足的資源，能保障選擇的權利。

　　在台北市蛋黃區租一個月 8,000 元的雅房，對許多人來說是唯一的選擇。但同時間，也會有人有財力可以豪爽買下多棟房子。在購買力上越有選擇的人，我們會認為他就是越富裕。那在台灣要金錢上富裕，每個月要存多少錢？

　　在台灣，看到想要的房子就能買，還要能有閒錢出國玩，達到堪稱富裕的門檻，沒有個 3,000 萬是不可能的。想要在二十年存到 3,000 萬，如果透過定期定額 ETF，平均年報酬 6.34% 來算，每個月至少要存 62,390 元，對於薪資中位數 45,000 元的小資族來說，除非跟著另一半用最三餐不繼的生活方式，才能夠辦到。

　　為了存下每個月 6 萬多元的存款，兩個人只能租不到一

萬元的住處，三餐也必須控制在最少花費。為了買房，犧牲掉的可能是自己的健康，還要面對巨大的心理壓力，即絕不能失業，每個月存款都必須達標的挑戰。

讓我們換個角度降低一下標準呢？改為追求結構方正、交通尚稱便利約莫半小時到市中心、兩房一廳的小房子，改成目標二十年存 1,000 萬，一樣定期定額 ETF，每個月只要存20,796 元。如果是這個選擇，等於每個月整整多出 40,000 元可以使用。

在台灣要追求金錢上的富裕，每個月要至少能存下 60,000元。這件事不是辦不到，但對大部分的人來說，要非常辛苦生活才能達到。

如果為了追求金錢上的富裕，卻因此讓自己損失掉生活跟健康，這就不是一個明智的選擇，因為金錢的富裕並不是人生的全部。

有錢只是富裕的其中一種

有錢只是富裕的一種，畢竟我們看過太多有錢但不快樂的人，例如有大大的豪宅卻孤老終身的案例。為什麼人會有錢又不快樂呢？

因為生活不平衡，有買法拉利的錢，卻沒有可以一起分享

快樂的朋友；因為身體不平衡，有財力租下一整艘遊艇，卻沒有環海的體力。雖然有錢，可是錢以外該有的都沒有，當然不快樂了。

所以富裕不會只有金錢上的，還包含了身體跟心靈層面是否滿足。

大多數人一輩子追求金錢的富裕，其實心底是想要身體跟心靈的健全。想要有人可以尊重他，有人可以愛他，並且身體可以健康。

當身體跟心靈的健全達成時，往往就不那麼在乎金錢多寡了。

所以只是單單追求金錢上的富裕，並不是那麼重要，錢可以不要太多，但是健康、知心的朋友、平靜的心靈，是絕對不能短少的。

追求完整的富裕，金錢、身體、心靈滿足都應同時增長

如何在追求金錢富裕的同時，讓心靈跟身體都感到滿足呢？

請試著用以下項目，檢查是否有符合：**儲存目標金額的同時，優先安排讓身體健康以及心靈快樂的預算。**

吃得健康與營養，每一餐的預算要多少？住家附近的健身房費用呢？也將每個月來一場按摩放鬆身心的費用考量進去吧。

給自己預留這些預備金，再去計算每個月可以存多少錢。

雖然上述這些乍看都是花費，可是長久下來，這些花費幫你省下的是醫療費用與諮商費用。**追求身心健康的消費，有時候是無法立即看到價值的，可是長久下來卻能大大的提升生活滿意度。**

你對你的身體有什麼感覺呢？有沒有覺得步履蹣跚走不動？是否常出現失眠的狀況而睡不好？在想事情的時候能夠完整思考嗎？身體的感覺也是有辦法量化的，你總會有一些心情紀錄，現在的感覺是很好、普通還是不好呢？

除了關注銀行裡面的存款數字，也要留意自己的身心狀況。最好的狀態是，你對自己感到滿意，滿足，並且做什麼事情都動力滿滿。

設定存錢目標之後，定期檢視自己的身心靈狀況，做出調整！

定期寫日記是一個很棒的練習，你現在心中有什麼樣子的感覺？當你覺得壓力過大的時候，衡量一下這樣真的值得嗎？觀察自己在這種情況下，是不是已經超出所能負荷的範圍。一旦察覺超越自己能力所及的範圍，假設情況亦沒有好轉，適時地做出調整與讓步。

例如本來三年的存錢目標，稍微降低變成五年，或許人生

就變得輕鬆些。雖然要多等兩年才能達到目標數字，但換來的
是現在每一天有更放鬆的身心去做自己更想做的事。

先除理財的苦，
開始正向理財

在前面的章節提過，我們跟錢的關係有三種角色：老闆、員工和顧客。理財做不好或是感覺理財很痛苦，都是對這三個角色的認識不足。

第一苦：一直存不了錢；問題：侷限的顧客思維。

第二苦：總覺得投資很難，不知道怎麼開始；問題：覺得當老闆要很聰明。

第三苦：每次執行理財計畫，過不久就放棄了；問題：你是別人太好的員工。

讓我們重新定義帶你認識理財的三個角色跳脫這些錯誤的思維。

首先，擬定一個屬於你的投資計畫表；接著會認識翻轉我們這一輩子最早接觸到的角色——顧客，然後再學什麼是「老闆思維」，最後一個章節要告訴自己，我們要做自己最好的員工，也要勇於要求加薪！

建立人生第一份理財計畫表

建立具體的目標

建立明顯而具體的目標，會大大提高理財成功的機率。

擁有越具體的目標，就越能夠知道要往哪裡前進。因為目標夠明確、詳細，才能比對現況跟目標到底還有多少差距，並對應做出調整。

回想一下自己爬山的經驗，當你抬頭望向目的地時，反而腳步會開始加快，因為我們知道再多努力一下就到了。因此明顯的目標還有一個好處，就是激勵自己再多加努力達成。

一個具體的理財目標，應該包含數字跟時間。

例如：在二十五歲存到 50 萬元、五十歲產生每個月 3 萬元

的被動收入、三十五歲時擁有三種每月能產生 1 萬元的被動收入。

不知道從何開始？就利用100倍速算法

目標金額可以設定為每月花費的 100 倍，這個金額代表足以支撐你 100 個月的生活，大約是八年的期間，為你帶來一些緩衝，去思考人生真正想做的事情。

接著從 1、2、3、5、8、13 中選一個數字，選擇你覺得最可能達成存到的年數。上述的數列並不是什麼神祕數字，而是斐波那契數列，會使用該數列是因為每一個數字的差距足夠明顯，讓我們可以輕易地做出選擇。兩年辦不到可能只差一點就選三年，但三年辦不到，可能就要跳下一個級數五年，但當五年都辦不到的時候，代表可能就要更久的時間。

具體的目標： 我要在3年內存到200萬元	
①花費 x 100	②選擇一個年限：1 2 3 5 8 13
③金額：每月花2萬 x 100 = 200 萬	④3年可以達成！

先求有，再求好

你可能會覺得，上述這種速算法太粗暴且簡單了？然而理財計畫本來就沒有完美的。

與其花時間精算每個月的開支細項、緊急預備金、房貸、車貸等金額，不如先利用速算法快速產生一個數字。畢竟人生世事難料，未來有太多的變化，很難預估準確到底需要準備多少金錢。

如果你先擁有一個理財目標，反而可以在面臨生活變化時，快速做出調整，也你不會因為一個生活的小變動，就要耗費心神從頭再設計一次理財目標。

調整的方式很簡單：1. 調整金額 2. 重新選擇年限

假使現在的目標是每個月收入增加一倍，你可以選擇直接把最後金額增加一倍，或是選擇一個更短的年限，這個年限一樣是從數列中選擇。

原本目標	選擇1：調整金額	選擇2：重新選擇年限
3年內存到200萬	3年內存到400萬	2年內存到200萬

調整過程完全不用借助任何工具，設下日期並顯示在醒目的位置。

目標就會變成更具體的：我要在三年後 2026 年 12 月 21 日存到 200 萬。

請把這句話放在你可以天天看到的位置，寫下來做成小卡片放錢包，或是直接設成手機桌布。

千萬不要因此覺得害羞，因為這就是我們的目標，想要達成，就必須時時提醒自己，**讓我們的潛意識明確知道，從現在開始的每一天，我都要往這個目標前進。**

我推薦可以多利用市面上的倒數 App，讓你體感上更有時間流逝的感覺。當然，如果這樣壓力太大的話，單純放桌布就可以了。

目標進化

當已經快要達成上述目標時，就代表你已經有更充裕的資金及經驗去做更詳細且長遠的理財計畫。

像是利用 4% 的 Fire 速算法去推算必須存到的退休金。其實就是上述 100 速算法的三倍目標。

假設目標原先是存到 200 萬，那麼財富自由的數字就是存到 600 萬，這時候相信你有了第一次達成的經驗，會更有信心

跟方向讓目標變得更加遠大。接下來的篇章也會提供更多能夠
達成的具體方法。

4 % Fire
年支出 / 4% = 財富自由的數字
年支出 * 25 = 財富自由的數字
月花費 * 25 * 12 = 財富自由的數字
月花費 * 300 = 財富自由的數字

「Fire」是一個金融自由和提早退休的理念，它代表「財務
自由，提早退休」（Financial Independence，Retire Early）。

**「Fire」的目標是讓個人透過節儉生活、有效投資和財務
管理，在較早的年齡實現財務自由，提前退休，有更多的時間
和自由。**

「Fire」的主要概念是透過積極儲蓄和明智的投資，建立一
個能夠產生足夠被動收入的投資組合。通常，這個投資組合會
包含股票、債券、房地產等多種資產，以達到穩健增長。當這
個投資組合能夠產生足夠的被動收入用來支付日常生活費用，
個人就能夠實現財務自由。這意味著即使不再從工作中獲得薪
水，仍然可以維持生活所需的資金。

至於「4%」，這涉及到計算在「Fire」策略中可安全撤出的年度支出。根據「4% rule」，通常建議在財務自由後每年從投資組合中撤出 4% 的金額，這樣可以保持投資組合的持續增長，同時保持穩定的生活水平。舉例來說，如果你的投資組合價值為 1000 萬元，那麼在財務自由後，每年可以撤出 4% x 1000 萬 = 40 萬元作為你的年度支出。

需要注意的是，「Fire」策略需要謹慎計畫和有效的財務管理。每個人的情況和目標都不同，因此實現「Fire」和使用「4% rule」的可行性可能因人而異。在進行「Fire」計畫之前，建議尋求專業財務顧問的建議，以確保計畫符合個人的財務狀況和風險承受能力。

產生北極星指標──牛肉在這裡

有了理財目標之後，接下來就是思考要做哪些行為才能達到目標金額。

列出理財行為比想出一個精確的的理財目標重要 100 倍，因為，每個人都能列出很偉大的理財目標，但能真正做到的人可說是屈指可數。

如果一整份理財計畫清單是一份漢堡，那目標只能說是漢堡皮，能夠達到目標的理財行為才是牛肉。

牛肉在哪？怎麼找到？

我們可以利用「北極星指標」，**北極星指標是要達到理財目標最重要的指標。**

如果要在三年內存下200萬，最可能提高成功率的事情

「一定要做的一件事」，就是要存到 200 萬的北極星指標，透過這個指標，我們能夠知道現在是否正在正確的方向上，也能很快速產生一連串要達到理財目標的相關行動。

以下是一些北極星指標的範例：每個月定期定額買一張 ETF、每週寫一份理財心得報告、每兩個禮拜約一個朋友出來分享理財近況。

北極星指標要跟金額無關。目標明明是要在三年內存下 200 萬，為什麼上述的北極星指標，例如寫理財心得報告，是完全跟金額無關的呢？**因為，要達成理財目標、提高機率，重要的是養成讓你變得「更會理財的行為」，而非死板板的數字。**

假使有一個財務目標計畫卻馬上跳到一個禮拜要存至少 8,000 元結論，就是極度可能失敗的指標，因為：

1. 如果有一兩個禮拜沒有存到目標金額，就會覺得自己很失敗，很難延續下去。

2. 聚焦在數字本身，人就會第一時間想到一些最暴力但不一定
   有效的理財方式，像是花更少錢、買飆股賺大錢。這些方法
   隨著時間拉長，都很難維持。

如果一份理財計畫只關注一段時間的金額，是很容易失敗
的，因為自己的信心程度直接跟金額綁住，而且還容易採取暴
力的方法達成。因此，北極星指標必須要跟金額無關，而是讓
我們長期來說會變得更好的理財行為。

關注讓我們可以持續變好的理財行為

透過北極星指標能夠持續變好有幾個關鍵因素：

1. 理財行為本身是很快樂或容易的，所以可以持續。
2. 理財行為的結果可以很快讓自己知道是否正確。
3. 隨著理財行為的累積，理財的相關知識會跟著增加。

現在讓我們來檢視，幾個北極星指標的範例是否有符合上
述的關鍵因素。

北極星指標的範例

理財行為	北極星指標分數	符合項目	符合原因
每月定期定額一張ETF	**3**分	符合快樂或容易 ✓	App設定後就不用花腦筋,執行容易
		很快知道哪裡做不對或做好 ✓	沒有買到,就是錢沒存夠;有買到,就是錢存夠,很快能夠知道
		理財行為的累積,相關知識會增加 ✓	隨著ETF存股增加,會知道市場資訊,也懂股息等相關知識
每月買到一檔飆股	**1**分	符合快樂或容易 ✗	飆股分析很難,連巴菲特都沒辦法百分百命中
		很快知道哪裡做不對或做好 ✗	飆股漲跌與否,很難知道是哪個環節出錯,其中有太多因素
		理財行為的累積,相關知識會增加 ✓	對於股市操作的知識會增加
每兩個禮拜約能信賴的朋友出來分享自己的理財狀況	**3**分	符合快樂或容易 ✓	跟朋友見面很快樂
		很快知道哪裡做不對或做好 ✓	不敢見面,絕對有很強烈的原因;敢見面,就是了解自己的財務狀況
		理財行為的累積,相關知識會增加 ✓	每兩週分享給朋友,要講給別人聽得懂,聽得有趣,自己就必須理解狀況。而朋友也會給反饋

利用這三項因素的檢視，現在請你也試試看，為你的理財目標設定出一個北極星指標。

依照北極星指標，產生一連串的行動

有了北極星指標之後，我們就有了前進的方向，如同早期的人類，看到北極星就知道北方在哪。現在的你，有了理財目標，還有最重要的北極星指標，除了知道該努力的方向之外，還會因為北極星指標而激發自己產生更多具體的行動。

如果要達成每個月存下一張 ETF 這個北極星指標，我們會有哪些行動呢？盡可能地列舉下來：

1. 事前計畫，找到年報酬率符合我們目標數字的 ETF。
2. 每個月收到薪水後，立刻提撥扣款金額到證券戶頭裡。
3. 每日記帳，看有無剩餘的錢可以投入到 ETF。
4. 設定交易成功的通知，讓自己知道北極星指標是否有達成。
5. 每個月把累積的股數放在醒目的地方，激勵自己繼續前進。

有了北極星指標，因為方向夠明確且容易執行，可以很快速地列出相關的行動。

把相關行動列下來，在失敗的時候就可以拿出來回顧，

檢視是哪一個項目沒有做好，在下一期快速做出調整。**隨著每次的調整，我們都能因為北極星指標，讓自己成為更會理財的人。**必要時，把觀察到的新行動持續的動態調整進這份行動清單中。

重點回顧

1. 快速找到目標，不要太糾結。
2. 定義北極星指標並利用北極星指標找出行動清單！

CH 3

學習成為聰明顧客，
了解用錢習慣

做聰明的顧客，有意識的花費

　　「我真的不想再亂花錢了！」這句話大概人人都吶喊過，不管是在心中還是直接說出口。在這句話裡，花錢似乎是一件很令我們困擾的行為。因為亂花錢的後果，輕則房間充滿用不到的廢棄物，重則一輩子存不到錢。人生辛苦一輩子工作到最後沒錢可以享受，不可怕嗎？

　　要脫離亂花錢的苦海，唯一的方法，就是讓自己能有意識地消費，做一個聰明的顧客。**一個聰明的顧客，會在對的時間買符合自己價值觀的物品。**他的消費是為了提升自己的長期滿足感，而不是輕而易舉的把錢送給老闆。

　　很多人心裡都想過不要亂花錢，但就是忍不住。偶爾逛個書店，本來只是想翻個書，因為書店的燈光美、氣氛佳，常常結帳的時候除了幾本書之外，還順手買一輩子可能只會用到兩三次的東西。

愛亂花錢是一種窮人擁有的習慣，缺乏對未來的規畫。這並不是說絕對不能花錢，而是如果經常追求短期的爽快，犧牲掉自己未來的幸福，不管收入再怎麼提高，永遠會給自己創造財務的黑洞。

有錢人會有錢，有一部分是幸運，但很大的原因是在做決定的時候，他們比一般人做對多一些。如果能像有錢人一樣有意識的消費、做一個聰明的顧客，就是在幫自己累積未來的財富。

小故事時間／巴菲特的理性消費與簡樸生活

股神巴菲特（Warren Edward Buffett）直到現在都住在他 1958 年於美國奧瑪哈購置的家中，市值約 30 萬美元，沒有奢華的裝修，是一間再普通不過的房子，與他的千億身家相比是完全不成比例。

巴菲特的生活方式非常節儉。他經常在麥當勞吃早餐，尤其喜歡麥當勞的早餐套餐。根據一些報導，他的早餐費用通常只有 2.61 美元左右（根據 2007 年的數據）。

這種節儉的早餐習慣成為他的標誌之一，許多人對他的生活方式印象深刻。儘管他是全球最富有的人之一，但他堅持理性消費，特別是在日常生活中。這種簡樸的生活方式與他的投資哲學相同，他認為財富應該用於更有價值的投資和慈善事業，而不是奢侈浪費。

巴菲特雖然這麼有錢卻也不會亂花，這是他的價值觀，要為未來做準備，跟他成功的投資一樣。

聰明顧客意識一 消除五個財務黑洞，就會多出100萬

小漏水可能淹整層樓；小蛀牙也可能要做假牙。**真正侵蝕我們存款的往往不是那些一次性的大筆消費，而是潛藏在日常生活中能省卻沒有省的小地方。**

找出五個財務的小黑洞，可以多出一百萬，很不可思議吧？因為只要把小錢省下來，時間久了，錢滾錢的力量，滾出的是你直覺難以想像的金額。

對許多人來說，早上一杯熱美式是上班不可或缺的精神必備品。多數人有下面幾種選擇：品牌咖啡、講求便利的超商咖啡或是在家自己沖泡。光是在這一杯小小的咖啡上，選擇自己煮跟買品牌咖啡者相比，以一個月工作 20 天來算，就多省下了 1,600 元的費用。

	花費/一杯	改成在家煮
品牌咖啡	95	省1600元
超商	35	省400元
在家煮	15	

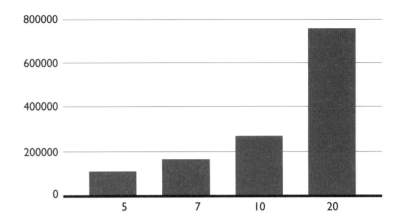

品牌咖啡改在家煮多出來的錢

| | 5 | 7 | 10 | 20 |

光是從每天喝品牌咖啡改成在家煮，並且把每個月省下來的 1,600 元進行定期定額投資，以市場的平均報酬率約 6.2% 來計算的話，十年後會多出 265,170 元，二十年後多出 757,652 元，相當於一台國產車的金額。

看似是省下一杯咖啡的小錢，但這省下的小錢透過時間耐心的累積，就會像雪球一般越滾越大。

我們只要找到跟咖啡一樣的小事，例如加入訂閱 App 家庭方案或購買定期交通票，把這些小錢都匯聚在一起，比照咖啡的省錢金額找到生活中五個類咖啡黑洞，十年後多出的金額就是 100 萬元了。

所以，不要小看這種生活中的小花費。我們應該要意識到，就算是省一筆小錢，未來也能幫我們滾出大錢。**在生活中各個小細節更有意識的精打細算，就能累積出未來自己可動用的財富。**

聰明顧客意識二　我是不是只是習慣了花錢？

習慣花錢的人跟能有意識選擇花錢的人，本質上有很大的不同。**習慣花錢的人，其實是無意識地依賴花錢來快速滿足自己；有意識選擇花錢的人，則是能透過謹慎的消費提升自己與生活。**

有一陣子我的工作量因為許多同事同時間離職的關係，突然增加了將近兩倍之多。身為一個軟體工程師，就算回到家，只要有網路線跟電腦就都能工作。所以那時候經常是白天去公司上班，下班回家洗完澡繼續上班的狀態，一天的工時常常超過十二小時。

在那段加班期間，焦慮讓我開始暴飲暴食，體重在短短一個月內就直線上升增加了三公斤，當時我沒有意識到自己的狀態因為工作壓力而有所改變。直到某個晚上，我在桌上那台幾乎沒有打開過的五十吋電視上，從那黑亮亮的螢幕中看到自己發福的倒影。一邊想著：「靠，我怎麼變那麼胖？」以及「啊！

我買這台電視幹嘛？」的疑問突然竄出。那台電視是某天逛電子商場心血來潮衝動買下來的，而那也是在我工作壓力最大的時候。

我住在那間房子裡將近七年，從來沒想過要買電視。現在回想起來，當下買電視時的心情還是滿激動的，覺得之後就能看很多高畫質電影，應該是一件很舒壓的事情。實際上我根本沒有這個需求，我只是因為工作壓力太大，想要透過花錢買東西（體積還很大），取代當下焦慮的心情。這並不是有意識地花錢，這是一種出生以來就由經驗形成的習慣——透過消費獲取短暫的多巴胺，到最後就是充滿後悔。

不經意的花錢是一種習慣，透過購物帶給我們快感。習慣花錢跟有意識地花錢有很多不同之處。

下表列出習慣花錢跟有意識地花錢在動機、購買評估到實際影響上的差異。

習慣花錢是完全放任當下的情緒影響我們的決定。習慣花錢的動機都是來自於，想要立即取代自己身體的某一個情緒。雖然當下能得到快樂，但就結果而言卻是一種對自己的懲罰，既感到空虛、後悔，又傷了荷包。其實很多時候都有相對更聰明的選擇，像是心情不好就去公園走一走，或是壓力大的時候打電話給親友們聊聊。

相較於習慣花錢，有意識地花錢往往是把錢拿來提升自我

習慣花錢VS有意識地花錢

	習慣花錢	有意識地花錢
動機	想要取代痛苦、無聊、難過等情緒	真的需要
購買評估	我能否馬上感到爽快？	這物品是否能為我帶來價值？
評價方式	現在買得起就買	價值高於花費成本
後續相關感受	空虛、後悔、焦慮、放大的痛苦	好實用、解決生活的不便、增加便利性
實際影響	痛苦且傷荷包	提升自我或生活品質

跟生活品質，在決策的過程中不會讓情緒任意地控制我們的決定，追求的是未來長期的滿足感。做一個聰明的顧客、有意識地花錢，不只能夠為累積長期的財富進行更有意義的消費，還能夠提升自己，進行更符合自己的價值觀的選擇，從而在選擇上成為更自由的人，不被慾望綁架。

　　不管是想要累積更多財富，還是希望能夠活出一個更充實更快樂的人生，做一個有意識的消費者絕對是更好的選擇。

聰明顧客的三大特徵

一個聰明的顧客，能夠辨識出自己心裡真正的渴望、未雨綢繆，更重要的是他尊重他努力賺取的每一分錢。在一個聰明的顧客身上可以看出三大特徵，透過這些特徵知道他會做出智慧的決定，減少不必要的花費。

第一特徵　追求頂級的快樂

快樂主要可以區分成五種層次：生理快樂、感性快樂、社交快樂、成就快樂和內在快樂。

吃一頓大餐感受這一個夜晚，是屬於最底層的生理快樂。跟家人朋友一起做菜，談論生活中所遇到的難題與體驗，感受到人與人之間的溫度，這個快樂的感受可能可以延續好幾天，這是一種更上層的社交快樂。越高層次的快樂，感受越持久。**聰明的消費者會把錢花在能讓自己更快樂、快樂更久的體驗上。**畢竟一樣是花一塊錢，為什麼不讓自己感受更愉悅呢？這是一種在快樂體驗上的精打細算。

追求頂級的快樂，並不是說不能享用大餐或是跟苦行僧一樣都不能享樂，而是能夠清楚的辨識出，現在花的錢能夠帶給自己多長久的滿足感。**聰明的顧客知道，花一筆錢最好能夠讓**

快樂的層次

內在快樂：對生活的滿意、心靈的寧靜和精神上的平靜。這種快樂通常與內在反思、冥想和心靈實踐相關

成就快樂：達成目標、克服挑戰、個人成長和自我實現

社交快樂：友誼、家庭關係、愛情和社交活動，以及與他人建立連接和共享時刻的快樂

感性快樂：包括音樂、美食、美麗的景色、藝術和其他感官刺激

生理快樂：食物、水、睡眠和生存需求的快樂

快樂層次越高，快樂的感受越持久

快樂從底層一路往上轉換成更高級的快樂，讓每一分錢都能花的值得，更有效益也更值得。

第二特徵　預見未來

　　聰明的顧客知道，要替未來的自己留下財富，因為累積財富不像是暑假作業，就算整個暑假都在玩，只要開學前的兩三天不眠不休就能完成。**累積財富需要長期時間的累積，加上錢滾錢的複利效果**，時間越久，越能累積更多財富；投入資金越多，越能透過錢賺到更多的錢。

　　股神巴菲特講的一個比喻，是我聽過最傳神的，「人生就像滾雪球，你只要找到夠濕的雪和很長的坡道，雪球就會越滾越大。」坡道越長，雪球能夠滾得越久；雪量夠多，雪球就能滾得越大。

　　前面提到的咖啡黑洞案例中，每個月只是把去連鎖品牌買咖啡的錢省下來，改成在家沖泡，十年後透過投資的複利效應，會整整多出將近 26 萬的資金。就是因為省下來的資金被放到這個雪球的坡道內，越滾越大了。

　　聰明的顧客會思考：「如果現在把錢花出去了，還能在雪道上滾嗎？」如果發現把錢留下來的價值比當下花錢享受的價值更高，他就會快狠準地做出不消費的決定。

在現今社會**最重要的兩個資源就是時間跟金錢。**學生時期，有時間沒錢；開始工作之後，有錢了，卻沒有時間。一輩子工作三、四十年，終於可以退休生活了，有些人很幸運地進入了有錢又有時間的狀態。但同時也有人因為沒有謹慎地替未來的自己做規畫，反而有了多出來的時間，卻沒錢享受生活。怎麼從有錢沒時間成功進步到有錢有時間的狀態，唯一的答案就是開源節流，讓錢盡可能地在長長的坡道上滾。

情境二選一	
情況1. 突然獲得一筆獎金，因此決定吃大餐享受，並拍一張精美的照片轉發限動。	情況2. 達到一個長期的目標，邀請值得分享喜悅的人共進大餐，進行充分的交流，將照片洗出來收藏在顯眼的位置，提醒自己一切的努力是值得的。

　　在情況 1 中，滿足的是時間感官的頂級享受，還有得到朋友間羨慕的各種表情貼圖。但是這件事的體驗就跟二十四小時消逝的限動一樣，會隨之消失。因為花錢追求的是屬於底層的生理快樂。

　　在情況 2 中，追求的快樂層級拉高了，變成是我想要讓這個體驗很特別，讓我在未來的日子裡想到都能夠振奮自己進行更多有意義的事情。因此我們有意識地選擇，自己應該要在很認真達成某一個目標的時候或是在值得紀念的日子裡，才花錢吃大餐。因為追求的是較高層次的成就快樂，因此快樂的滿足感更長久。

　　同樣是一頓大餐，後者能讓快樂從底層的生理快樂隨著時間轉換成更高層的社交快樂、成就的快樂。如此一來，花的是同樣的錢，後者卻產生了更大的價值，也大大減少突然想吃大餐的機會。

　　「棉花糖測驗」（Marshmallow Test）是由心理學家沃爾特・米歇爾（Walter Mischel）於 1960 年代開始進行的一項經典心理學實驗，目的是測試兒童的延遲享樂能力和自我控制力。

　　這個實驗的步驟如下：

　　研究者給予兒童一顆棉花糖，他們可以選擇立即吃掉，或者等待一段時間，通常是十五分鐘，以換取第二個棉花糖。兒童被留在一個房間內，沒有其他娛樂或分心的東西，只有等待的棉花糖。

　　研究者藉此觀察兒童們的反應，看他們是否能夠忍受誘惑等待更大的回報，或者是會選擇立即滿足自己的慾望。最終研究顯示，那些能夠延遲享樂的孩子通常在學業、社交和心理健康方面表現較好。這代表延遲滿足能力與更好的自我控制和適應能力有關。

　　從棉花糖測驗的結果來看，選擇當下滿足和延遲享樂之間的抉擇，對於我們的財務規畫和成功生活有著深遠的影響。當我們能夠控制自己，不立即花錢滿足當下的渴望，我們就能夠為未來存更多錢，實現更大的目標和夢想。

　　《原來有錢人都這麼做》是一本由湯瑪斯・史丹利（Thomas J. Stanley）和威廉・丹柯（William D. Danko）合著的暢銷書，他們花了二十多年研究有錢人如何致富，研究統計了超過五百位富翁，並向超過一萬位高收入人士進行問券調查。

　　他們的研究發現，淨資產超過 100 萬美元的人，多數並非是在大公司工作的高級經理，有些是業務、工程師或是老師，

就是你我眼中的普通人。但他們透過一系列理性消費、高儲蓄率、投資和堅持不懈的遞延享樂策略，累積了他們的財富。

這些成功累積財富的人，有以下幾種特質：

1. **簡樸的生活：** 他們往往選擇住在適中的住宅、開經濟型汽車、避免奢侈品和過度浪費，這種生活方式有助於他們將更多的資金用於儲蓄和投資，為未來創造財富。

2. **理性消費：** 他們更關注價值和長期的財務目標，而不是短期的即時滿足感，不容易因一時衝動大量花費。這種消費方式有助於他們累積財富，並有更多的資金用於投資和未來規畫。

3. **高儲蓄率：** 他們會將一部分收入儲蓄和投資，以確保未來的財務安全。這意味著他們可以應對緊急情況，實現自己的目標，以及享受未來的退休生活。

4. **智慧投資：** 他們可能會選擇多樣化的投資組合，包括股票、債券、房地產等，以降低風險並實現穩健的財務表現，實現長期的財務增長。

從這些研究報告中，證明就算沒有超高的收入，透過理性的消費也能累積到比一般人更多的財富。**聰明的客人能夠預見未來的自己，謹慎地消費。**

第三特徵　把自己的努力當作最重要的寶藏

一個月上班二十一天，每天努力賺到的錢都應該是自己最珍惜的資源。這筆收入很大部分都交給了別人，因此應該要像獲得寶藏一樣，小心翼翼地分配跟收藏。

舉例來說，一個月薪 45,000 元台幣的小資族，依據 2022 年數據，台灣勞工每個月平均總工時約 167 小時，平均時薪約 270 元來算，一個月上班二十一天，其中有六天工作是為了繳房租，五天工作是為了讓自己吃飽，扣掉交通費等其他費用，剩下的金額約 18,000 元，大概是工作八天的收入。

上班努力工作有一半以上的時間，就只是為了能好好的活下去，支付日常開銷，也因此要更珍惜分配扣除這些花用後可運用的資金。

聰明的客人知道，要尊重自己努力工作換來的收入，不會隨意的把錢掏出來。

因為這每一分錢，是每個工作日在還沒有完全清醒的狀態下，強迫自己起床出門、打起精神面對早晨的會議，偶爾還得

面對主管的刁難，咬牙強撐辛苦賺來的。

一客高級的牛排晚餐價值兩千元，假定一個月賺取上面所描述的薪水，要工作一整天才足以賺到足夠的資金享用。「這一客牛排晚餐，值得換我辛苦工作一整天嗎？」聰明的消費者會先這樣思考。

消費的時候如果都能以**「這個東西，值得交換我多少努力」**來決定是否要購買，那麼每次在掏錢的時候，就會意識到自己錢包裡面的一百元不只是一個數字，它還是我們身心靈投入在某一項工作裡最具體的回饋，這一張一百元是看得到也摸得到的一種，是自己曾經花費心力的一張證明。

那麼，我們絕對不可能輕易把這一個證明拿來進行交換。

聰明的顧客，不會輕易地將自己的努力交付出去，而是以收藏寶藏的心情謹慎地分配自己的收入。

你也來試試？

試著算算看自己的時薪，把你的月收入直接除以 270 個小時。
接著請想想看你最近最大筆的一個花費，值得你的那些努力嗎？
你或許會很驚訝地發現，竟然為此投入這麼多時間。

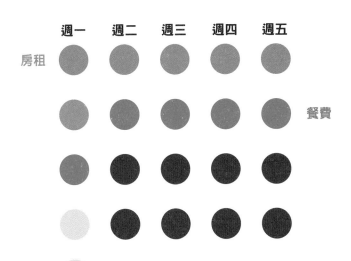

| 週一 | 週二 | 週三 | 週四 | 週五 |

房租

餐費

剩餘努力，你會換成什麼？

項目	花費	換算上班天數	佔每月上班時間比例
房租	NT$12,000	6	27%
餐費	NT$10,000	5	22%
交通費	NT$2,000	1	4%
娛樂、治裝	NT$3,000	1	7%
剩餘金額	NT$18,000	8	40%

如何做一個聰明的顧客

為什麼我們改不了亂花錢？

你可能也經歷過這樣的狀況：決定要做預算控制，下載了記帳軟體開始每一餐都嚴格控制花費，並且將每一筆消費都詳實紀錄上去。然而，大約持續一個月，最多三個月就荒廢了。

很多人知道自己很愛亂花錢，也知道因為亂花錢讓自己存款簿不好看，往往想改卻改不了，這是為什麼呢？**因為花錢是一種長期養成的習慣，甚至是一種成癮症。**我們心中都有貪圖享樂的天性。想改善卻直接跳到執行的方法，失敗機率很高。因為習慣了，所以難改。因為總是不假思索，看到人家說要記帳，要列出精美的圖表才能夠克制慾望，所以照做。這種方式失敗的機率非常高，因為內心沒有真的種下種子，所以怎麼澆花都無法結果。

有沒有真的可以改變的方法？

有，想提高理財成功的機率，成為一個聰明的顧客，有意識地管理花費，最重要的關鍵有三個：**1. 辨識出容易亂花錢的成因與後果；2. 借助更高的力量，找到自己的價值觀；3. 利用簡單的方法執行預算控管。**

積習難改的花錢狀況，就像一面蒙上厚厚灰塵的鏡子，

要把上面的髒污清理乾淨，才能照到自己內心真正的渴望是什麼、對症下藥。所以第一件事，先辨識出自己容易亂花錢的成因，並且深刻體會造成的後果。就像戒酒一樣，你要先知道跟哪些人、去哪些地方容易喝得太多，然後回顧一下自己失態的影片，這樣才能打從心底反省：「天啊，下次不能再喝了」。面對亂花錢，我們也要能像看到自己亂喝酒失態的樣子一樣反思。**能夠具體辨識出自己因為什麼原因、在什麼狀況下容易亂花錢，是想做一個聰明顧客的第一步。**

接著，我們要借助更強大的力量來幫助減少亂花錢的行為。這個力量不用向外尋求，不用靠別人，你我都有，就是強大的信念。**這個信念是，相信自己會選擇符合自己價值觀的消費。**信念是這世界上最強的力量，擁有信念的頂尖運動員可以突破自己的最佳紀錄，信念也讓荒島求生的人支撐到救難隊出現的時刻。擁有信念就能達成難以達到的目標，當然也包含了解決不要再亂花錢的難題。

所以第二步，我們要找到符合自己價值的金錢觀，找到之後就可以列出自己花費的原則。將這些符合自我價值觀的原則落實到每天的日常生活中，會讓我們逐漸成為這樣的人。

能夠快速描述出自己的理財觀，就代表從心底到外在都是擁有理財信念的人。擁有這個信念，就能讓我們在想要亂花錢的時候擁有更強大的意志，不輕易動搖。

先把上述兩個步驟做到位，才開始進行預算控管跟消費紀錄。這時候，我們已經產生了屬於自己的具體原則，因此會比直接跳到記帳的人更有效率地減少自己亂花錢的行為。

　　而預算控管跟消費紀錄的方法都必須很簡單，才能夠輕鬆地執行並取得最佳的結果。找到愛亂花錢的成因，再來擁有自己的理財價值觀，並且透過簡單的方法進行消費紀錄，如此一來除了是位聰明自信的顧客外，更是對自己未來有明確規畫、懂得怎樣才是對自己好的理財高手。

　　具體執行的方法將在接下來的篇章中一一為你說明。

隨意花錢的五大後果，最後導致人不快樂

　　亂花錢除了讓錢包縮水，它還隱藏了幾個重大的不良影響，包含對自我產生不滿、錯過真正重要的事情、延後達成夢想等。

　　「只是不小心花多一點錢，不會怎麼樣吧？」每次花錢我們都會這樣想，反正銀行戶頭不會馬上變空，所以就花吧！但也因此往往低估了它所造成的後果。

　　位於屏東縣西部中段沿海的佳冬鄉，因為特殊的海港條件，經濟曾經非常繁榮。在 1980 年養殖漁業興起時，居民開始進行淡水養殖超抽地下水，由於民生、農業跟漁業都需要使用地下水，天天抽水的結果，使得整體的抽取量大於地下水的補助量，導致佳冬鄉塭豐與燄塭二村地層下陷達到二公尺半以上。

　　因為地層嚴重下陷，所以竟能看到房子的窗戶跟馬路一樣高的奇景，甚至廟的柱子只剩一個人的身高。

　　後來漁民改成海水養殖，才停止繼續下陷。下陷的厄運雖然停止，但原本被影響的地層在每次颱風來的時候，已成為淹水的高風險區，幾乎颱風每來必淹，造成該地居民財務上的損失。

　　我們每天亂花錢，掏出去的錢就跟超抽的地下水一樣，當下感覺只是花一點點，應該不會怎麼樣，但長期下來可能導致嚴重的後果。

　　以亂花錢來說，有五大不良後果造成我們長期不快樂。了解以下的不良後果就能在消費時多一分評估。

隨意花錢的五大後果

後果一　存款下降

　　隨意花錢最直接的影響，就是造成存款數字減少。如果是一個收入本來就不高的小資族，存款絕對是他最重要的保險，

如果隨意在生活中亂花錢，嚴重將會導致緊急預備金的不足。

假設今天牙痛要做假牙，沒錢就會面臨缺牙的命運；又或是假如出了車禍，面臨賠款卻沒有存款可用，恐怕就要工作半年完全不能休息來支付賠償金。這些都是存款過度下降，會面臨的嚴重後果或人生不自由的結果。

後果二　延後達成長期目標

把錢拿去投資，沒辦法預測到哪一天會賺錢，但是亂花錢卻能百分之百確定，在當下就會立即損失金錢。因此每次亂花錢，都會讓我們距離長期想達成財富的目標越來越遠。

每天花在咖啡、外送、不必要的購物或娛樂活動上的錢似乎微不足道。但隨著時間的推移，這些支出累積起來，開始佔據我們本來可以用來儲蓄、投資或實現財務目標的資源。慢慢地會發現自己的長期目標，像是買車、買房、結婚、退休計畫，被推遲、推遲再推遲。

這種現象如同一張看不見的網，將我們牢牢困在財務焦慮和不安中，只能挫敗和無助地看著未來的目標離我們越來越遠，甚至開始懷疑自己是否能夠實現這些目標。

後果三　對自我產生不滿

　　當每天隨意花錢或者過度放縱地滿足短暫慾望時，我們可能會開始對自己產生不滿。這種不滿可能源於對財務狀況的擔憂、對未來目標的挫折感，或者對缺乏自我控制的自責感。亂花錢不僅會對財務狀況產生負面影響，還可能影響情緒和心理健康。

　　隨著每筆花費的增加，我們會越來越不滿意自己的金錢管理方式，責怪自己為什麼不能更理性地花錢、不能更好地控制自己的衝動、不能更堅定地朝著自己的長期目標前進。

　　這種不滿可能會引發情感困擾，並對自尊心產生負面影響。我們會後悔當初的浪費並擔心未來的不確定性。這種情緒可能會進一步加深焦慮和壓力，形成負面的循環。

後果四　錯過生活中真正的美好

　　當我們亂花錢，不考慮自己真正的價值觀時，就有可能迷失在名牌、新玩意兒和即時滿足的迷宮中，卻錯過了那些真正讓我們感到快樂和滿足的事情。

　　購物時或許會感到興奮和滿足，但這種感覺很快就會消失，留下的只是空虛感和短暫的快感。這讓我們開始質疑自

己，這些東西真的值得花費大量的金錢和時間嗎？

此外，亂花錢也讓我們忽略了更重要的事情，比如與親人和朋友的共度時光、追求自己的夢想和興趣，以及感受大自然和生活中的美好瞬間。這些是真正讓我們充實和快樂的事情，但常常被物質消費所掩蓋。

後果五　造成情緒波動

亂花錢容易讓人的情緒起伏不定。當我們不加思考地花費，隨著購物車的增長，可能會經歷一種短暫的快感、一種「購物療癒」的情緒，這讓我們感到愉快和舒適。然而，這種情緒往往是暫時的，當回過神來看到信用卡帳單或賬戶餘額減少時，可能會感到後悔、焦慮和壓力。

亂花錢也可能讓人陷入情緒的波動中，因為當過度依賴消費來調節情緒時，我們變得脆弱，情緒容易受到金錢的波動影響。當擁有足夠的資金時，我們可能會感到幸福和滿足；一旦面臨經濟困境或支出過多時，我們可能會陷入情緒低谷，甚至感到沮喪和焦慮。

總結來說，亂花錢帶來了一系列負面後果，包括存款減少、長期目標延後、自我不滿、錯過生活中的真正美好、情緒波動，以及導致人類長期不快樂的因素。**亂花錢就等於在買未**

來的不快樂，因為這些後果不僅影響當下，還可能在未來持續影響幸福感。

如何面對愛亂花錢的自己？

面對愛亂花錢的自己時，下面三點觀念可以幫助你更好地解決愛花錢的問題：

觀點一　了解絕大多數的人都會亂花錢，自己並不是特例

亂花錢都是一個相當普遍的現象。無論是社會壓力、消費文化或個人情感需要，都可能導致我們在購物時失去理智。因此請記住，你並不是特別或不尋常的。許多人都曾經或正在經歷類似的情況，這種認識可以減少對自己的罪惡感，幫助你更容易接受這一事實，從而更從容的面對和改變這種愛亂花錢的行為。

這個觀念的重點在於，**我們不應該將自己孤立起來**，認為只有自己才有這個問題。了解亂花錢的習慣是普遍的，讓我們能降低自責情感，進而能更積極處理這個問題。

觀點二　找到成因比批判自己有效

當我們發現自己亂花錢時，內心可能會充斥著自我批評和負面情感。然而批評並不會解決問題，反而會增加壓力和焦慮。應取而代之的是，**嘗試深入探索亂花錢的原因**。

亂花錢的背後通常有更深層的情感、需求或習慣，可能是壓力、無聊、情感空虛，或者是自我獎勵的一種方式。透過理解這些成因，你可以更針對性地處理問題所在，而非一味責備自己。要深入了解亂花錢的原因，需要自我反思或與親友聊聊，也可能需要尋求專業的心理諮詢。

觀點三　有具體的方法可以解決，很多人都辦到了，你也可以

無須感到無助或絕望，因為有很多人已經成功地改善了他們的金錢管理習慣，你也可以做到！

制定一個具體的理財自律策略，設定明確的目標與預算金額，並找出對應誘惑的方法。例如，設定每月的花費上限、使用購物清單，或者尋找代替消費的娛樂方式。在之後的章節都將會提供具體的方法，這些方法都是切實可行的，以確保你能夠堅持下去。改變不會一夜之間發生，但透過持之以恆地執行這些方法，可以逐漸改善自己的金錢管理方式，實現更好的財務和生活品質。

總之，不要因為亂花錢而感到沮喪或自責。這是一個可以改變的習慣且有很多方法可以幫助你克服它。藉由接受自己、深入理解成因、制定具體的改變計劃，你也可以走上改進金錢管理的道路，實現更健康、更幸福的生活。

容易亂花錢的黑洞跟成因

亞里斯多德說：「認識自己是所有智慧的開始。」生活中真是有太多看似無底洞的地方，總是誘惑我們不斷花錢。當我們被這些誘惑吸引時，錢包很可能會變得更薄，儲蓄也可能在無形中減少。

但別擔心，這些金錢黑洞是有辦法克服的，而且可以提前警惕和應對它們。以下列出一些最容易讓我們失控亂花錢的地方，並深入分析它們的成因。只要了解自己的弱點、需求與花費傾向，就能有計畫地避免掉入金錢陷阱。

五大消費黑洞

台灣是一個非常便利的地方，超商密集度全球排名第二，僅次於南韓。公平會 2021 年七月數據資料顯示，台灣人民逛超商的次數平均高達一年一百三十七次。大家養成一種追求快速便利的習慣，就算多花一點點的錢也沒關係。所以很多人都很

容易在能夠「發懶的」服務中不小心花太多錢。這些地方就像是金錢的「黑洞」，吸走了我們的消費。

黑洞一　訂閱型商品

訂閱型商品包括許多服務，如串流媒體、雜誌、健身房會員等，通常每月都要支付一筆費用。雖然個別的訂閱費用可能不高，但它們在積少成多的情況下會成為一個負擔。

黑洞二　快時尚商品／網路購物

快時尚品牌吸引人的價格和時尚風格，經常誘使我們陷入購買的陷阱。有時候只是不經意地在百貨公司閒逛，就意外地多買了好多衣服。更糟的是，這些新購的衣物通常與衣櫃中早已擁有的相似，卻不自覺地將它們帶回家。

此外，網路購物也增加了購物的便利性，只需輕輕點擊按鈕，商品就會迅速送達。我們經常受到網絡上美麗穿搭圖片的吸引，不小心就購買了太多東西。

黑洞三　咖啡／下午茶／手搖飲

經常外出購買咖啡、下午茶或手搖飲品，可能在長期內

造成巨大開支。這些小額支出容易被忽視，但累積起來會變得驚人。而且你有發現嗎？喝手搖飲或下午茶都是呼朋引伴的結果，跟團買手搖飲算是台灣辦公室裡最巨大的花錢陷阱了。

黑洞四　外送平台

外送平台的主要誘因之一是其極大的便利性。當你感到疲倦、忙碌或不想下廚時，外送平台可以成為解決方案，讓你輕鬆地點餐。此外，外送平台經常提供促銷代碼和折扣，這可能誘使你在不需要外送的時候也下單。

黑洞五　叫車軟體

叫車軟體的使用方便性使得我們更容易依賴於它們，當需要快速、方便的交通方式時，叫車服務提供了一個不必等待的選擇。每次叫車不僅要支付車資，還包括服務費、小費、高峰時段附加費等，這些費用可能使你支付的金額超過坐大眾運輸或自己開車的成本。如果使用叫車服務的頻率很高，這些費用可能在一段時間內累積成一筆可觀的支出。

現在，請你回想一下最近一個月的消費，是不是有特別多支出是在這五大消費黑洞中呢？

也許你已經發現了一些支出模式，這些支出似乎微不足道，但在長期內可能成為一個可觀的金額。這些黑洞通常以微小的方式開始，但當它們不斷重複時，就會開始侵蝕掉我們的錢包。

除了辨識出容易花錢的地方，接下來看看真正在我們內心中容易花錢的成因有哪些。當我們更深入地了解這些成因時，才能更好地避免落入陷阱。

掉入消費黑洞的四大原因

原因一　高估自己的使用狀況

高估自己的使用狀況是一個普遍的現象，我們經常高估自己對某些物品或服務的實際需求。這種情況在許多不同的場合出現，比如訂閱型服務、會員卡或是昂貴的工具。我們購買或訂閱後才發現，實際使用的次數遠遠不如預期。這種高估自己的使用狀況導致了不必要的支出，而這些金錢本可以用在更有價值的地方。

原因二　追求短暫的多巴胺

消費往往釋放出多巴胺，一種使我們感到愉悅和滿足的神

經傳遞物質。多巴胺在大腦中扮演著重要的角色，特別是在獎賞和愉悅的體驗中。當購買某些物品、享受昂貴的娛樂活動或品嘗美食時，大腦中的多巴胺水平會上升，讓我們感到一時的幸福和滿足。然而，這種愉悅感通常是短暫的，而我們經常不自覺地追求這種即時的滿足感。

這種追求短暫的多巴胺常常驅使我們購買昂貴的物品、享受奢侈的生活方式，或者隨心所欲地消費。我們忽視了這些消費可能對長期的財務狀況造成的負面影響，因為我們追求當下的快樂感。這種追求多巴胺的行為雖然可以瞬間感到快樂，但長遠卻可能對我們的財務健康造成損害。

原因三　FOMO（錯失恐懼症）

「FOMO」是「Fear of Missing Out」的縮寫，翻譯成中文就是「害怕錯過」或「擔心錯過」。這個詞通常用來描述人們害怕錯過一些特別的、有趣的或者重要的事情，因此他們可能會感到壓力，努力參加各種活動、社交場合，或者追趕潮流，以確保不會錯過任何有價值的事情。

FOMO 使我們感到如果不參加某個活動、購買某個產品或去某個地方，就會錯失機會或感到社交排斥。社交媒體上的照片和故事常常讓我們感到其他人的生活比我們精彩，因此會不

由自主地想要參與他們的活動或擁有他們擁有的東西。

這種恐懼錯過的感覺推動了許多不必要的消費，因為我們希望追趕上其他人的生活方式，展示自己的社交地位或者不被排斥在外。我們不惜花費金錢參加社交活動、購買高檔產品或旅行，以滿足這種焦慮感。

當一個人受到 FOMO 的影響，特別是在打折商品促銷時，更可能會購買不需要的東西，因為他們害怕錯過這個限時機會。

原因四　環境刺激

環境刺激是指我們身處的環境如何影響消費決策。當置身於商場、電影院、餐廳或娛樂場所等充斥著誘人的商品和服務的環境中時，我們更容易被誘惑，導致不計後果的花費。這也可以解釋為什麼在特定環境下，我們的消費往往超出了預算。

例如，在夜市走過好玩好吃的各種攤位，有些攤位甚至充滿挑戰性，會有各式不同的獎品，當我們站在這些遊戲攤位前看著其他人取得獎品，或者聽到工作人員熱情地招攬嘗試，我們可能會受到環境刺激的影響。於是拿起套圈圈或坐在彈珠台前開始嘗試，期望自己能在這個有趣的挑戰中勝出。然而，我們可能會花費更多的錢來換取更多的機會，或者購買更多的遊

戲幣，以追求更多的獎品。這種情況下，環境刺激就是攤位上的遊戲和熱情的工作人員，它們促使我們陷入遊戲的樂趣中，並可能讓我們在不計後果的情況下進行額外的消費。

你有多愛亂花錢？

每個人都有獨特的消費習慣，有些人可能是理財高手，他們像超級英雄一樣能夠英明地控制自己的開銷，避免金錢的外流。但也有一些人就像「錢包上的小漏斗」，錢像是水一樣從他們的錢包中滴滴答答地流走了。

在這個誘惑不斷的世界中，我們需要學會反思自己的消費習慣，來了解到我們到底是理財高手還是錢包小漏斗。現在透過下面的評分表試著了解看看。

這份評分表讓我們更清楚地了解自己的亂花錢傾向，並提供了一個機會來思考消費習慣。無論你是高度亂花錢、中度亂花錢，還是低度亂花錢，重要的是了解自己目前的狀態，並思考自己是否需要改變。

怎麼避免花錢黑洞——平衡腦中的兩個好朋友

當談到金錢和消費決策時經常需要面對兩種思考模式，這在心理學中被稱為「冷熱認知」（Hot and Cold Cognition）。這

檢視自己是不是錢包小漏斗吧

以下十個情境中，如果你認為有符合你的狀況，就加 1 分。

1. 在你的房間，經常清出一些只穿過或用過一兩次的物品。
2. 你經常因為看到打折或促銷活動就購買物品，即使事後發現你不太需要他們。
3. 你經常為了追求瞬間的滿足感，而吃一頓大餐或是購買昂貴的物品，最後打破自己的預算。
4. 當你在社群上看到網紅或朋友都在購買某項物品，你也會因此花錢購買。
5. 你常常在逛街時被環境刺激所誘惑，而不自覺地花費更多。
6. 你經常在餐廳或便利商店購買餐點，即使你家裡就有食物和飲料。
7. 看到朋友或同事使用某種新的科技產品或設備，你會立刻跟風購買，即使你的現有設備運作良好。
8. 你經常受到網路廣告吸引而入坑購買。
9. 你經常購買新的衣物跟鞋子，儘管衣櫃已經塞得滿滿的，並且有很多相似的款式。
10. 你經常在出遊時購買紀念品或旅遊商品，儘管後來可能不再使用或欣賞它們。

高度亂花錢8分~10分	中度亂花錢5分~7分	低度亂花錢1分~4分
你在多個情境下都表現出高度亂花錢的傾向，經常購買不必要的物品，對促銷和打折活動敏感，並容易受到社交和環境刺激的影響。	你在一些情境下有中度亂花錢的傾向，可能偶爾購買不必要物品，促銷和打折活動對你有一定的吸引力，但也有節制和理性消費的時候。	你在大多數情境下表現出較低的亂花錢傾向，通常能夠理性判斷自己的需求，不容易受到促銷、社交或環境刺激的影響，並且能夠更好地控制自己的消費習慣。

兩種思考方式分別是基於冷靜理性和熱情情感的，它們在我們做出消費和金錢相關決策時能發揮重要作用。

首先，我們有「冷認知」，這個角色就像位冷靜、理性的會計師，他以事實、數據和邏輯為武器，一切決策都要經過嚴謹的分析，考慮未來的長遠後果。他是那位告訴你要儲蓄、要做預算、要理性消費的朋友。

相對地，「熱認知」則更加情感化，強調當下感受和情感的主導。這種思考方式讓我們懂得享受生活，有衝動去追求夢想，體驗未曾有過的經歷。這就像那位總是能帶領我們發現新事物、充滿熱情和活力的朋友。

這兩位朋友其實都非常重要。理性的朋友幫助我們避免財務危機、思考長遠、制定計畫；而情感化的朋友則帶給我們生活中的樂趣和滿足感，讓我們能夠真正享受當下。

所以，當我們面對消費和金錢決策時，讓這兩位朋友保持平衡就像是管理大腦中的金錢水龍頭，不要讓水流得太熱或太冷。接下來要深入探討如何在不同情境下應用這些思考模式，以更明智地管理我們的金錢和消費。

冷認知──理性的朋友會請你這樣做

當冷認知的好朋友想要助你不要隨便花錢時，他們會像一

位財務健康的導師一樣，給你一些更深入的建議，這些建議不僅有助於管理你的金錢，還能讓你過上更穩定和幸福的生活。

方法一　設定財務健檢日

這就像是每個月的財務健康例行檢查，但不必害怕，這不是去醫院，而是去看看你的錢包。選擇一個特定的日子，比如每月的第一天，檢查你的信用卡帳單和銀行對帳單。這麼做有助於即時發現任何不尋常或不明確的支出，還能確保所有的訂閱商品都是你目前真正需要的。如果有多餘的訂閱，千萬別猶豫，趕快取消，讓你的口袋更蓬鬆！

方法二　預先制定預算

預算不只是為了買大東西，也能幫你掌握小開支。當面對各種生活支出時，不妨制定明確的預算，把錢花在刀口上。你可以為娛樂、飲食、交通等各個領域設定預算，然後盡量遵守。如果某個月外食預算超支了，別擔心，只要在其他領域稍微節省一下，就能輕鬆應對了！

方法三　紀錄你的消費

這是讓金錢流向一目瞭然的祕訣。使用一個消費日誌或財務追蹤應用程式，記錄你的每筆支出。不只是金額，也記下支

出的日期和內容。這不僅能幫助你更有意識地了解自己的花費習慣，還能幫你找出哪些地方可能需要進一步的節省。記錄下來的消費日誌就像是你的金錢小管家，會提醒你該在哪些地方控制支出。

方法四　建立緊急基金

這個基金的金額，通常會建議相當於你三個月的生活開支，以確保你在失業、醫療費用或其他非計畫支出時有足夠的備用金，也可以減少你不必要地依賴信用卡或借貸，並保護你的財務穩定性。

方法五　為退休做準備

冷靜地規畫退休儲蓄是非常重要的。冷認知的朋友會建議你開始積極儲蓄，以確保未來的退休生活品質。建立個人退休帳戶並盡早開始，這有助於你受益於複利效應，提前建立穩固的財務基礎。

這些建議不僅能幫助你更好地管理金錢，還能確保你的財務狀況在掌控之中。記住，冷認知的朋友是你的金錢守護神，他們的建議是為了讓你的錢包和生活都變得更加充實！

熱認知──感性的朋友會請你這樣做

當熱認知的朋友來幫助你在金錢和消費方面更全面地思考時，他們會提供以下深入的建議，就像一位生活哲學家一樣。

方法一　探索內心真正的渴望

深入內心了解你花錢的真正原因。有時，我們購物是為了填補某種情感上的缺口、尋求認同感，或滿足壓力和焦慮。他們建議你尋找更健康的方式來滿足這些需求，例如透過社交互動、嗜好、運動或心靈成長來獲得滿足。

方法二　建立自己的價值觀

思考自己的價值觀和優先事項。這有助於你在消費時做出更有意義的選擇，只花錢在真正符合你價值觀的物品或體驗上。這樣，你的消費不僅成為滿足當下的愉悅，還反映了你的核心價值。

方法三　寫一份自己的夢想清單

熱認知朋友鼓勵你夢想大一點。他們提倡列出一份夢想清單，包括你想要實現的目標和夢想，不論是旅行、學習新技能、創業還是慈善事業。這個清單將成為你財務規畫的核心，

幫助你設定長遠目標，並在每一筆花費前問自己是否有助於實現這些夢想。

方法四　列出自己絕對不花的錢

　　熱認知朋友也鼓勵你在財務上保持個性。他們建議列出絕對不願意花錢的項目，無論是某種商品、服務，還是特定品牌。這讓你成為有個性的消費者，不會輕易受到市場推銷的影響，同時幫助你更好地掌控開支。

方法五　允許自己適時享樂

　　最重要的是，熱認知朋友會提醒你，金錢不僅僅是存款和投資的數字，它也代表生活中的樂趣和愉悅。他們鼓勵你適時享受生活，無需過分壓抑自己的情感和慾望。財務規畫可以有彈性，讓你在生活中找到平衡，同時實現理性和情感的融合。

　　總之，熱認知朋友的建議幫助你更深刻地理解金錢的意義，將它納入更大的生活脈絡中，讓你在財務管理中更有智慧，同時享受到生活的美好。

　　無論你是偏好冷認知還是熱認知，又或者希望平衡兩者，都能透過下面章節要說明的方法，讓你在金錢管理和生活滿足之間找到執行方式。

成為聰明顧客第一步：建立價值觀

　　當我們開始思考如何管理金錢，首先要問自己一個問題：哪些錢該花、哪些錢不該花，以及為什麼？其實我們的支出決策受到三大主要因素的影響。

　　首先，是**社交影響**。身邊的朋友、家人、同事，甚至是社交媒體上的名人，都可能對我們的購物決策產生影響。當朋友都在瘋狂追逐某個新潮流，你可能會感到壓力，覺得自己也應該跟風；或者在社交媒體上看到別人炫耀他們最新購入的商品，你也會有購物的衝動。

　　其次，是**收入水平**。我們的財務狀況會影響支出選擇。當擁有較高的收入時，可能更容易做出高消費的決定，因為我們有更多的可支配收入。相反，如果收入有限，我們會更謹慎地考慮每一筆支出。

　　最後，是**個人價值觀**，這是最重要的一點。每個人都有自己的價值觀和信仰，這些價值觀會影響我們對金錢和消費的看

法。舉例來說，如果你認為內在品質比外表更重要，你可能不會在昂貴的時尚品上花費太多錢。相反，如果你相信外表能夠帶來自信和成功，你可能會更願意在時尚和美容上投資。

因此，成為一個聰明顧客的關鍵，在於了解自己的價值觀。當你明確知道自己真正重視的是什麼，就能更明智地選擇花錢的方式。不論你的收入水平如何，不論周圍的社交壓力如何，你都能堅守自己的價值觀，做出符合自己的生活方式和目標的金錢決策。

接下來，我們將深入探討五大價值觀領域，幫助你更清楚地了解自己的價值觀。

五個最重要的價值觀分類

當考慮金錢管理時，以下是五個基礎的價值觀領域，影響著一個人的花費和金錢決策。

第一項　社交生活

這部分是關於和朋友家人的相處，有些人可能覺得社交很重要，他們會花錢和其他人一起玩、建立關係，和大家分享經驗。

□ 你覺得別人喜歡你應該因為你的個性，而不是因為你有什麼東西？

□ 你對建立真正深厚的友誼很在意，而不只是隨便認識人？

□ 你覺得社交關係需要花很多錢，比如請客、送禮物，還是情感互動和支持更重要？

□ 你認為真正的友誼不應該受金錢影響，而是建立在互相理解和分享經驗的基礎上？

□ 你會為了和親密的朋友或家人一起共度特殊時刻而多花錢嗎？

第二項　衣著和外表

有些人可能非常注重自己的外表，包括時尚、美容產品和健身等方面的投資。他們可能會投入不少錢來保持形象。

□ 你是會買高品質、耐穿的衣物，還是經常跟隨時尚潮流換新衣物？

□ 你會受到時尚和社會壓力的影響，覺得跟上潮流很重要嗎？

☐ 你願意為個人衛生和外表花時間和金錢，比如理髮、護膚、保持皮膚健康等？

☐ 你相信外表可以反映一個人的價值觀和個性特點嗎？

☐ 你認為內在品質比外表更重要，反對過度注重外貌嗎？

第三項　居住環境

　　這涵蓋了住房、裝潢、家具和生活環境的改善。有些人可能會把金錢投入到創造一個舒適和美觀的家居環境中。

☐ 你覺得住的地方的美學和風格重要，想要一個有個性的家？

☐ 你在選擇住的地方時，會考慮到工作、學校或其他活動的便利性嗎？

☐ 你認為家應該能滿足日常需求、提供安全感嗎？

☐ 你覺得居住空間的主要目的是提供舒適和實用性，而不必太奢侈？

☐ 你會花時間和資源確保家中能滿足需求，讓人感到輕鬆和輕鬆嗎？

第四項 事業和個人發展

對於那些重視事業成功和個人成長的人來說，他們可能會花錢來接受教育、參加工作坊、買書或投資於職業培訓等。

- ☐ 你認為自我實現和內在平衡對於個人和職業成功同樣重要嗎？
- ☐ 你有夢想嗎？為了實現夢想而願意努力工作嗎？
- ☐ 你把儲蓄視為實現財務目標和夢想的關鍵，會積極存錢嗎？
- ☐ 你是追求內在幸福、和諧和心靈平衡，而不只是外在成就嗎？
- ☐ 你認為為了專業發展和提升技能，需要不斷學習和自我投資嗎？

第五項 健康和體態

健康方面包括運動、健身、飲食和醫療保健。人們可能會花錢來確保身體和心理健康。

☐ 你認為健康是生活中最重要的價值之一，可以影響到其他成功和幸福嗎？

☐ 你會保持生活和工作的平衡，以確保不忽略健康需求嗎？

☐ 你認為健康支出，比如健身房會籍、營養補充劑或醫療保險，是值得的投資嗎？

☐ 對於心理健康，你有關注和實踐減壓及情緒管理的方法嗎？

☐ 你認為健康是讓自己能夠追求夢想最重要的一環，包括定期運動和保持健康的飲食習慣？

　　每個人的價值觀都可能在這些領域之間有所不同，這些價值觀將影響我們在各個方面的金錢花費。理解自己的價值觀有助於更明智地管理金錢，將資源投入到真正重要和有意義的事情上。

價值觀地圖

　　透過前述問題的引導，你是否有更加意識到自己在社交、外表、事業、居住環境和健康分別注重哪些價值呢？

現在我們要更具體地產生一份屬於你個人的價值觀地圖。這份地圖就是消費指南，可以幫助我們在花錢時保持冷靜和理性，不再被感性主宰。有了這份地圖，可以更清楚地知道什麼對我們來說真的很重要，以及什麼是可以忍受妥協的地方。

　　這是一個幫助我們在每次購物前問自己「這筆錢花得值得嗎」的準則。

　　當我們更有意識地確認眼下的花費是否符合自己的價值觀時，將會提升對生活方式的認同感和幸福感。價值觀地圖是一個讓我們重新掌控金錢、追求更有意義生活的好工具。

　　所以，趁著這個機會，一起來寫下我們的價值觀地圖吧！這只需要花五到十分鐘，但它將對未來的消費抉擇產生深遠的影響。

針對五大分類寫下你的價值觀地圖吧！

1. 一句話代你的價值觀宣言：
（請寫下一句能夠簡潔表達你對生活中金錢和價值觀的核心信念的句子）

2. 哪些錢絕對不花，哪些錢值得花：
（列出一些你認為絕對不值得花錢的項目，以及你認為值得花錢的項目）

3. 重要度評分：
（在預算有限的情況下，請為以下五大領域分配重要度評分，分數從 1 到 5，1 表示最不重要，5 表示最重要）

範例：

1 社交生活

重要度評分：**5**

我願意花錢和朋友進行有意義的交流，一起創造美好回憶。

○ **不該花的錢**：昂貴的夜店入場費、過度消費的酒水

○ **該花的錢**：朋友聚會、小型旅遊、有意義的社交活動

2 衣著和外表

重要度評分：**4**

我喜歡乾淨簡單的衣著和健康的外表，不會去跟風短暫的時尚。

○ **不該花的錢**：昂貴且短暫的時尚單品

○ **該花的錢**：品質優良且耐穿的衣物

3 居住環境

重要度評分：**3**

我希望有一個小巧但舒適的家，不需太大，但要有一個讓我專注工作和輕鬆休息的地方。

○ **不該花的錢**：奢侈的大型住宅，超出預算的裝潢

○ **該花的錢**：小巧且功能性的住宅，提供舒適和效率

4 事業和個人發展

重要度評分：**5**

我的目標是40歲開一間台式熱炒店，並每週安排至少20小時鑽研台灣快炒美食。

○ **不該花的錢**：昂貴的奢侈品、不必要的高消費娛樂活動、與事業無關的無用物品

○ **該花的錢**：專業培訓、廚藝課程、相關烹飪器材和食材，以實現開一間台式熱炒店的夢想

5
健康和體態

重要度評分：**4**

我每週堅持運動，並關注健康飲食，因為我知道這是實現夢想所需的源源不絕的動力。

○ **不該花的錢：**不健康的速食和過多的零食、無效的健身設備

○ **該花的錢：**健康食品、健身房會員資格、運動裝備、蛀牙根管治療，以保持身體健康

小故事時間／只剩黑色衣服的衣櫃

剛出社會自己賺錢的時候，我很喜歡買衣服，尤其喜歡買潮牌的服飾。潮牌的服飾有個特點，就是流行期很短，一季過去後就會被淘汰。當時的我陷入了一個要一直買衣服、更新衣櫃的循環，而且當時我的薪水還很少，所以算是一筆很大的支出，累積了巨大的財務黑洞。那時候我的心態就是一個小屁孩，認為只要跟上流行，別人就會覺得我與眾不同。現在想起來，我都替自己感到尷尬。

不過很幸運的是，當我找到人生目標之後，愛亂買衣服的習慣就停止了。

一切都從我開始經營理財的 Instagram 帳號之後發生，當時有越來越多人關注我的帳號給予回饋，很多人私訊我說，看了我的貼文真的想要開始理財，也把一直搞不懂的關於 ETF 的問題搞懂了。

我因此漸漸有了新的生活目標，像是結合自己的專長寫軟體來解決初學者的投資理財問題。這個轉變讓我產生了更堅定的價值觀。

我開始明白，擁有最新的時尚單品、使用最新的 iPhone 等等，並不是真正帶給我快樂的事情。我更希望別人喜歡我，是因為我能夠幫助他們解決問題，而不僅僅是因為我的外表或我有多麼不一樣。

於是，每當我想要購物時，我都會問自己：「這件衣服真的能讓我更快樂嗎？」隨著我的人生目標和價值觀的轉變，我開始減少購買新衣物的次數，並且更注重實用性。現在，我的衣櫃主要只剩下一堆耐穿的黑色 T 恤。如果你追蹤我的理財 Instagram，會發現我每次的影片都穿著黑衣服。

不再花錢買昂貴的潮流單品，讓我不再需要花時間考慮如何搭配服裝，這為我省下了更多寶貴的時間。此外，我只選擇平價運動商場的後背包，一個僅僅 349 元，同一款式和顏色我買了兩個，一個用來旅行和運動，另一個專門裝著我的工作筆電。每當我穿上這些衣物或使用這些物品，都提醒著自己，重要的不是外表，而是我內心所追求的目標和價值觀。

新的價值觀不僅僅為我省下了金錢，更讓我有更多的心力和精力專注於追求自己的人生目標。擁有明確的價值觀，可以讓我們更堅定的不要亂花錢。

寫完後，將這份價值觀地圖放到明顯的地方，可以放在錢包、手機的記事本或者工作桌上。每當你需要決定是否花錢時，只要簡單地瞄一眼地圖，就能提醒自己你的核心價值觀和原則。它就像一本指南，指引你在金錢上更聰明，幫助你判斷這筆花費是否符合你的長期目標和價值觀。

此外，別害羞，勇敢地與你的親朋好友分享這張地圖。告訴他們你正在積極地思考自己的金錢價值觀，並且歡迎他們提供意見和建議。身邊的人有時能提供寶貴的見解，幫助你更清

晰地理解自己。

　　最重要的是，每天都抽點時間來閱讀你的價值觀地圖。這樣可以不斷地強化你的金錢價值觀，讓它們成為你日常思考的一部分。隨著時間的推移，你將更自覺地做出金錢上的決策，這對實現你的長期目標和夢想至關重要。

價值觀帶來的好處

　　當我們養成價值觀後會產生強烈的信念和動力，這是因為：

1. **明確的方向**：價值觀為你的生活和目標提供了明確的方向。它們讓你知道什麼對你來說是重要的，並幫助你選擇行動的方向。這種明確性可以增強你的信念，讓你更有動力去追求目標。

2. **自信心提升**：當你知道你的價值觀，並且按照它們的指導行動時，你會感到更自信。這種自信心來自於知道你在追求與你核心價值觀一致的事物，並推動你去面對挑戰和克服困難。

3. **動機和動力**：價值觀提供了內在的動機和動力。當你的行動

符合你的價值觀時，會感到更有動力，因為你知道這是為了實現真正重要的事情。這種內在動力可以幫助克服拖延和消極情緒。

4. **堅持力**：有強烈的價值觀可以增加堅持力。當面臨挑戰或困難時，你的價值觀成為一個堅實的支撐，讓你能夠堅持下去，最終可以實現自己的目標。

5. **更有目標感**：價值觀給你的生活帶來更大的目標感。它們使你的每個行動都有目的，讓生活更有意義。這種目標感可以增強信念，讓你更有動力去追求夢想。

　　價值觀不僅僅是一個抽象的概念，它們是塑造信念和動力的根基。當你將價值觀內化並與行動相結合時，會感到更有自信、更有動力，並且更有可能實現自己的目標。

成為聰明顧客第二步：規畫支出

規畫支出，除了是管理金錢不可或缺的一部分，也是熱愛生活的一種表現。

說是熱愛生活的表現，你可能會覺得很誇張，這樣想很正常，因為我們都太習慣日常生活了。你有沒有發現自己出去旅行的時候，跟平常比起來，對於怎麼用錢這件事有很大的差異？

旅行前我們會花許多時間做筆記，考慮預算、找好吃好玩的、列出伴手禮清單等，確保我們能夠在有限的時間內盡可能享受這趟旅程，並發揮來回機票的最大價值。可是日常生活裡，你會這樣精心規劃嗎？

出國的時候，因為充滿未知與好奇，會希望花的每一分錢都能替我們帶來最大的價值。可是在日常生活中，因為已經習慣了每天去的地方、每天走過經過無數次的街角，好像不特別規畫日子也能照常運行，所以不會刻意規畫如何運用金錢。也

正是因為如此，我們常常花一些大錢，希望在千篇一律的生活中給自己來點不一樣的刺激。**其實，要解決生活的無聊，規畫支出是很好的開始。**

規畫支出可以促使我們開始去想，如果這個月只能看兩場電影，我最想看什麼？這個月的餐費只有九千元，我可以變出什麼樣看起來很高級又好吃的料理？

對大多數的人來說，一個月能花的錢是有限的，只是大部分的人不願意去面對，規畫支出是承認有這件事，然後把生活活得更快樂。透過規畫支出，我們會開始思考這個月最重要的事情是什麼，哪些人、哪些東西值得我們花辛苦賺來的錢，會開始有意識地去安排一頓晚餐、一場踏青，想辦法在有限的資源裡做對自己最意義的事情。告訴錢它該去哪裡、它可以去哪裡，這件事情做久了，就能更輕鬆地儲蓄、並更聰明地消費。

如何規畫支出？

規畫支出的時候，有三個基本的認知非常重要，希望你每一個都唸三遍！

1. 我現在的收入有限；2. 我有比現在亂花錢更重要的目標；3. 我要更聰明的花錢體驗有意義的生活。

有以上認知之後，可以按照下面的方法來幫助我們達成既

能夠替未來的存錢，又能夠體驗生活的目標。

領到收入後，先把錢存到不同的帳戶

當月可支配金額 = 當月收入 - 未來準備金

在規畫支出的時候，當月的可支配收入應該要先扣除未來準備金，優先保留一部分的錢給未來想做的事情。我們應該把要花的錢及要存的錢分別存到不同的銀行帳戶裡，這麼做可以讓我們一眼就看到這個月還剩多少錢，也能避免我們一個忍不住拿未來的錢來消費。

不要相信自己會存錢，所以要先把錢藏起來。

為什麼一拿到錢最好立刻把該存的錢存到我們看不到的地方？因為大多數人類都是短視近利的，短視近利的現象在心理學中有個理論稱作**雙曲貼現（Hyperbolic Discounting）**，指的是人們對立即回報給予高度價值，而對未來的回報給予較低價值的現象。

舉個簡單的例子，假設你現在有兩個選擇：

立刻獲得 10,000 元 VS 一年後獲得 11,000 元

根據雙曲貼現的觀點，大多數人會選擇立刻獲得 10,000 元，因為他們認為 10,000 元在當下比一年後更有價值。換句話說，同樣的一塊錢在我們的心中，如果放到更遠的未來，會感覺比較不值錢。因此會出現「早買早享受」的感覺，而忽略了未來的自己是否需要這筆錢。

雙貼曲線解釋了為什麼人們傾向於追求即時的滿足感，而不願意等待未來的獎勵。為了避免我們心中這種先享受再說的天性，切記要先把該存的錢存起來，存到我們看不到的地方。

一定要利用銀行子帳戶存錢

在台灣幾間較知名的銀行如台新、國泰、玉山等都有提供子帳戶的功能，也就是一個實體帳戶底下的虛擬帳戶，方便我們針對不同的用途將錢分門別類，以進行管理。

大多數銀行都提供至少五個子帳戶，讓我們可以針對投資、緊急預備金、日常花費等開戶。設定子帳戶非常容易，只需要登入網路銀行就能直接進行設定，設定以後，不需要等待審核就能夠立刻擁有。

利用子帳戶有幾個優點：

1. **可以設定自動轉帳：**預先設定自動轉帳後，每個月收到薪水時就會自動把固定金額的錢轉進子帳戶。

2. **避免我們亂領錢：**子帳戶的金錢無法隨意提領，必須轉回母帳戶才能透過金融卡提領出來，避免我們任意動用金錢。

3. 轉帳免手續費：在同一家銀行底下的母子帳戶，互轉是不需要手續費的，替我們節省了轉出成本。

4. 各項金額清楚區隔：子帳戶的名稱可以自由命名，每一項目底下的金額總和都能立即看到，不用自己計算或是登入好幾個銀行帳號查看。

透過上述的優點，等於就是利用銀行子帳戶先把收入一部分藏起來，想看結果的時候又能隨時查看，還能阻止自己忍不住亂領，絕對是想要好好存錢的人必須使用的工具。

收入切出理財金三角，選擇自己適合的存錢比例

分配收入的時候，最好把收入切分成至少三個用途：日常使用、投資跟緊急基金。這三種分類又被稱為「理財金三角」。

這樣做的好處是，每次收到錢就會預先用來投資跟保護未來的自己。

1. 日常支出：日常生活花費
2. 投資理財基金：用於保險、投資、買房、開店等所需存的基金
3. 緊急預備金：用來應付突發狀況例如開刀、車禍等臨時開銷

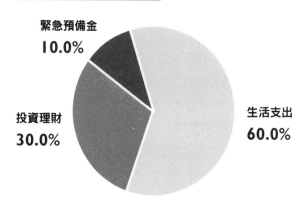

小資族的631存錢法

緊急預備金
10.0%

投資理財
30.0%

生活支出
60.0%

631存錢法每年累積金額

	投資理財	緊急預備金	總和
1年	NT$162,000	NT$54,000	NT$216,000
2年	NT$324,000	NT$108,000	NT$432,000
3年	NT$486,000	NT$162,000	NT$648,000
4年	NT$648,000	NT$216,000	NT$864,000
5年	NT$810,000	NT$270,000	NT$1,080,000

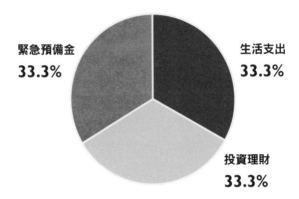

收入較高者的333存錢法

緊急預備金
33.3%

生活支出
33.3%

投資理財
33.3%

333存錢法每年累積金額

	投資理財	緊急預備金	總和
1年	NT$178,200	NT$178,200	NT$356,400
2年	NT$356,400	NT$356,400	NT$712,800
3年	NT$534,600	NT$534,600	NT$1,069,200
4年	NT$712,800	NT$712,800	NT$1,425,600
5年	NT$891,000	NT$891,000	NT$1,782,000

如果是小資族，建議從 **631** 這個存錢法開始，就是 **60%** 放到日常支出、**30%** 放到投資理財基金，最後 **10%** 用於緊急預備金。631 存錢法適合的是對於投資儲蓄比例還沒辦法存太高的小資族。

　　不要小看這個存錢法，就算只存 30% 跟 10%，經過五年，也可以累積出至少一百萬的金額來。

　　針對收入較高的族群，假設收入足以支付平日開銷的三倍以上，可以挑戰 333 的原則分配，來提高存錢的比例。333 的分配很直接，就是將生活開銷、投資、緊急預備金直接各切成 33%。

　　同樣是月收 45k，如果改成使用 333 原則分配資金，五年後會多出 1.65 倍的存款，金額差異是 78 萬。

　　針對收入分配，無論如何都請分成三等份去規畫，依照自己能力範圍調整比例，千萬不要因為收入少就全部拿來花，就算理財投資跟緊急預備金只存 10% 好了，每個月少少的儲蓄積沙成塔之後，五年後也會多出 50 萬來，

　　要讓理財金三角的儲蓄方式更有效率的話，你可以搭配前面提到的銀行子帳戶，在每次收到收入的時候就設定預約轉帳，依照比例將固定金額的收入轉到這三個分類中，就能夠省去手動轉帳的麻煩，還能夠避免自己隨意動用到緊急預備金。

預留歡樂費用

歡樂費用 = 允許自己任性的費用

歡樂費用是讓我們可以偶爾吃好一點、允許自己花多點錢的一個費用，它獨立於所有預算分類之外，通常可以設定是當月可分配收入的 10 到 20%。

因為每個月都可能會衝動花錢，先把這些衝動花錢的費用拿出來當作歡樂基金，就可以更準確的規畫預算，也能更心安的花錢。

避免自我耗竭

控制花費不是件容易的事情，因為限制自己不要花太多錢，就是在跟最原始的慾望做抵抗。

在控制慾望的挑戰中，心理學研究提供了有趣的見解。心理學家羅伊・鮑梅斯特（Roy Baumeister）及其團隊進行的研究發現一個有趣的現象，稱為「自我耗竭」。也就是在我們過度使用自我控制力後，這種能力會暫時性地下降，就像疲憊的肌肉無法再保持長時間的強度一樣。當我們在日常生活中面臨誘惑時，比如購物或美食，控制慾望往往非常困難。這種自我耗竭的研究結果顯示，我們在面臨誘惑時，自我控制能力可能會因過度使用而受損，這使得控制自己的慾望變得更加困難。

為了應對這種情況，我們應該給自己預留一些可以任意花費的費用。這樣當難以抵擋誘惑、無法控制慾望時，我們就可以在這預留的費用範圍內滿足自己，而不會對整體的財務狀況造成太大的壓力。這種做法不僅有助於避免自我耗竭，還有助於保持心理平衡。

歡樂費用是我們在財務規畫中為自己留出些許的「自由預算」，用來滿足偶爾的小小慾望。

掌握歡樂費用的使用時機

雖然預設歡樂費用讓我們可以在想享受的時候從這個費用拿來花，但不代表我們可以想花的時候就花。一個聰明的顧客會知道，要把錢用在最值得的用途上。

以下列出最適合使用歡樂費用的四大目的：

1. **身心恢復：**長時間的工作和追求目標會消耗身體和大腦的能量。適當的休息可以幫助身體恢復體力、讓大腦休息，提高工作效率和創造力。像是進行全身按摩、SPA 等，就是可以提取歡樂費用的時機。

2. **專注力提升：**專注力和注意力提升有助於我們處理複雜的任

務和問題，也有利於長期目標的達成。像是種植花草、閱讀、繪畫等，都可以幫助專注力提升。

3. **壓力減輕：** 長期的工作壓力會對身體和心理健康產生不良影響。減輕壓力可幫助人們保持情緒穩定，跟朋友出去 K 歌、露營等都可以幫助我們減輕壓力。

4. **提高效率：** 短暫的休息可以讓人們在回到工作或追求目標時更加有活力和動力。像是規畫去度假村休息、或是花東旅遊等。

在我們想要從歡樂費用中拿錢出來的時候，先想一想這個花費所能達成的目標是否有落在上述四個目標當中。有的話就花，沒有就告訴自己：「我現在只是追求短暫花錢產生的多巴胺，過一天就會後悔的！」

而你會發現很多時候，要達成上述四個目標也有很省錢的方式，不一定要從歡樂費用中提取，例如：在家做瑜伽、去公園走一趟、坐在沙發上好好聽音樂，都是很棒的方式。

歡樂費用的頻率跟比例

就算設置了歡樂費用作為緩衝，如果沒辦法克制自己，在一領到薪水之後就馬上花光，那整個月下來還是會超支。

所以，要如何避免自己一下就把歡樂費用花光呢？

很簡單，使用紙袋。

把每個月的歡樂費用按週數分成數份，將每週會用到的錢預先放到紙袋中。打開日曆預先規畫享樂的時間跟金額，假設要聚餐，就把聚餐的日期、名目跟金額寫到信封袋上，每週結算剩餘花費並寫在信封袋上。

把歡樂費用分別拆到每週，是為了可以預先看到每週我們能用的錢。例如第一個禮拜跟朋友出去唱歌，一不小心就花光信封袋裡面的錢，那這禮拜就不能再多用到任何的歡樂費用，必須等到下個禮拜才能使用第二週的信封袋。

歡樂費用每週紙袋

第一週	第二週	第三週	第四週
1,500元	1,500元	2,000元	500元
存200	花光	3/15朋友聚餐	

把會花到的錢寫在信封袋上，可以在出門時有一個具體可花用數字，並預先分配更多的花費到要使用的那一週。也能避免某一週花太多，導致隔週完全忘記自己上個禮拜已經花很多錢還繼續花大錢的問題。

除了寫下預期花費之外，記得每週結算一次信封袋裡面的金額，將存下的金額數字寫在信封袋上，假如信封袋是空的，就寫上花光。如果每週都有剩下的錢，可以集結起來當作意外之財使用，買一些在金額之內的物品來犒賞自己。這樣在下個月的時候，就更有動力好好管理這筆歡樂費用。

就算每週只剩下兩百元，那當月月底也有八百元的歡樂費用可以沒有壓力的使用喔！

針對不同消費分類，規畫預算

替消費分類規畫預算 = 讓錢流向最需要的地方

替不同的消費各自規畫預算，是為了讓錢能夠放在最需要的地方。**絕大多數人每個月能花的錢都是有限的，規畫預算是承認這件事存在，並認真地面對它。**

設定預算是指，我只願意在這個分類上投入多少的金額，因為我在其他地方有更需要用錢的機會。透過設定分類預算，可以確保錢用在這個月最需要的分類裡，同時也幫助我們識別

和減少浪費。當我們知道每個消費分類的支出限制時，會更謹慎地選擇花錢的方式，減少不必要的支出。

其實，我們常常覺得每個月控制花費很痛苦，絕大部分都是因為在某個分類下不小心花太多錢，而犧牲掉另一個分類的資金，慾望沒有被有效的分配而感到不滿足。因此替消費分類規畫預算，可以讓錢更有效地在各個地方都滿足我們。

消費分類設定在五到十個

消費分類存在的意義，是幫助我們建立預算目標。

舉例來說，家中的冰箱如果東西都很散亂，放雞蛋的地方又塞了幾個巧克力，放冰棒的位置又放了鮭魚，我們會很難預估到底現在還有多少零食、多少可以煮的東西。可是如果能夠把物品都歸類到正確的地方，或是統一放到保鮮盒中，一眼就能知道這些東西每個月的消耗量、什麼時候要繼續採買。當然，也不要為了分類而分類，成為恐怖的收納狂魔。

為了好管理，消費分類保持在五到十個就好了，因為超過十個會變得很難掌控，而且，要針對每一個分類進行監控，也會造成心理負擔。我列出十個最基本的預算分類提供參考，你可以自行合併或延伸。

試著產生出一份像上方表格的分類，你可以寫在筆記本或

1. 飲食	2. 娛樂	3. 購物	4. 個人化消費	5. 交通
・零食	・電影	・衣服	・美妝保養	・車險
・餐廳	・KTV	・產品	・spa	・加油
・外送	・遊戲課金	・線上購物	・健身房	・停車費
・飲料	・夾娃娃機	・生活用品	・訂閱服務	・公眾運輸
6. 住宿	**7. 水電**	**8. 教育**	**9. 保險**	**10. 其他**
・房租	・水費	・書籍費	・醫療保線	・無法歸類
・房貸	・電費	・線上課程	・壽險	的消費
・房屋稅	・垃圾袋	・補習費	・失能險	
	・電話費	・證照費	・長照險	

是手機中，把屬於這個分類的條目也列下來。

　　因為明確知道花費所屬於的分類，我們才能有效管理錢放到哪裡最適合，建立出預算，也能更快了解在什麼分類中可以更聰明地花費。

　　先列出這個月必要支出的分類。規畫預算的過程其實就是把不知道的事情減少到最少，並且盡可能不要改變計畫。

　　我是一個很容易一忙就忘記很多生活中瑣事的人，但是像繳房租、信用卡費、水電費這種攸關個人信用的事，絕對不能因為忙碌而忘記。所以我習慣在每個月設定預算的時候，把錢分成 1. 要給別人的；2. 自己要花的。

　　先把有義務要給別人的錢區隔出來，再來思考自己這個月

預算分配表

消費分類	有義務要給別人的		自己要花的預算	總預算
飲食			8,000	8,000
娛樂			1,500	1,500
購物			2,000	2,000
個人化消費	630	App訂閱費	2,000	2,630
交通			1,800	1,800
住宿	9,500	房租	0	9,500
水電	578	過去三個月平均	0	578
教育	2,500	補習費	500	3,000
保險	3,762	保險費	0	3,762

要花多少錢,這樣的流程除了可以避免自己遲繳之外,還能降低預估不準的機率,並建立我們的財務信用與責任感。

把每個月一定要拿給別人的錢先列出來,這些項目中主要又會分成兩種類型的費用:

固定費用:房租、訂閱費、保險費等確切知道金額的費用。

浮動費用:水費、電費等浮動的費用。

針對浮動費用的預估,最簡單的方法是把最近三筆的消費計算出平均值,當作這期的預估金額,這麼做通常可以更準確的預估。

把一定要交給別人的錢包含固定跟浮動的費用，先加總起來，分別列到每個分類下，並且把這些金額都先轉到之前提到的銀行子帳戶中，確保不會動用到它。接著我們再來仔細評估，自己這個月可能要花的預算有多少，最後就能得到一個總預算。

寫下消費主題

　　替這個月的重點分類寫下一句話，作為這個月的消費主

消費主題表格

消費分類	消費主題	總預算
飲食	營養均衡，避免外食	8,000
娛樂	少一點酒局，多一點踏青	1,500
購物	採買耐用的秋冬衣物，聰明又美麗	2,000
個人化消費		2,630
交通	加入月票的行列	1,800
住宿		9,500
水電		578
教育		3,000
保險		3,762

題，幫助我們更清晰地了解自己這個月該花哪些錢，讓所花的錢都能盡量符合當月的消費主題。不用替每一個分類都列出消費主題，只要針對你認為最重要的幾個分類這麼做就好了，重點是能夠讓自己印象夠深刻。所以主題的字也不需要很多，簡單的一句話寫下來，也可以利用便利貼貼在桌子前面。

這麼做的用意是號召這個月中每一天的自己，都能夠幫助自己守財！不要忘記月初設下預算的決心。

例如針對娛樂，我這個月想要「少一點酒局，多一點踏青」。把這樣的一句話貼到桌上、寫到手機的備忘錄裡。假設這個月如果有人突然 line 我說：「欸，林 xx，要不要出來喝酒，大家都會來。」過去的我可能馬上就換衣服出門了，而這種行為往往結果就是又花了一千多元在沒有太大效益的娛樂上，隔天宿醉還影響工作表現。

但現在因為我針對這個月的消費主題立下了一個精神，潛意識中我知道我要少一點酒局，多接觸大自然。那我可能就會回覆說：「不好意思，這個月我要少喝點酒，看大家下個禮拜有沒有空，我們一起去爬山好嗎？」

如果是這樣的結局，既省了錢，又能夠贏得健康，並且也符合了我們的價值觀。

「I Have a Dream」（我有一個夢想）是美國民權運動領袖馬丁·路德·金（Martin Luther King Jr.）在 1963 年華盛頓示威遊行中的演講中使用的口號。這個口號代表了對種族平等和公正的夢想，因為這一句話激勵了無數人參與民權運動。

「Make America Great Again」（讓美國再次偉大）則是美國總統川普（Donald Trump）在 2016 年競選總統時使用的口號。這個口號代表了對於國家重振的承諾，引發了廣泛的討論和辯論。

「Just Do It」是 Nike 的廣告標語，代表了勇氣、毅力和運動精神。這個口號幫助耐克在全球建立了強大的品牌形象。

這些口號都證明了，就算是短短的一句話，也能激發我們心中的某個對自己的想像。

所以，能夠寫下消費主題是非常重要的！像這樣寫下一句話給自己精神喊話，能幫助自己確立花錢的方向，在歷史以來的很多場合，都證明了是極度有用的方式。

因此，可以的話，每個月都替自己的消費分類寫下一個主題口號，推動自己好好守護金錢，把錢花在刀口上。

規畫支出的流程

銀行子帳戶

第一步：
自動轉到銀行
子帳戶

領到收入

- 儲蓄
- 投資月
- 旅遊基金
- 房租 水電

第二步：
計算要給別人
的錢

剩餘收入 → 計算要給別人的錢

第三步：
領出歡樂費用
放到信封袋

歡樂
費用
信封袋

第四步：
寫下預算

剩餘收入 → 寫下分類預算 → 寫下分類主題

一份專屬於你的生活預算表

現在就開始規畫支出

規畫支出檢查清單

建立銀行子帳戶：

避免動用到的資金，薪水一來就轉進去

決定你的理財金三角比例：

參考633/333，把錢分配到花費、投資、儲蓄

建立你的消費分類：五到十個就好。

決定你的歡樂費用金額：可分配收入的10到20%

選擇一天檢查每週的歡樂預算剩餘金額

挑選一天作為預算規畫日

成為聰明顧客第三步：記帳

　　很多人對記帳的看法是很無聊、很繁瑣的一件事情。「就算不記帳，我還是有錢吃飯、有錢出去玩啊，幹嘛花時間記？」

　　這種說法沒有問題，但卻忽略了記帳最重要的精神——**記帳是讓我們擁有更多想花的錢**。記帳不是單純紀錄金錢的流水帳，目的也不是看月底有沒有超支而已，記帳可以更有效地管理金流，創造出更多我們更願意花的錢。透過記帳能夠很快知道我們的錢被花到哪些分類、用在什麼項目上面。因為有了具體的數據，所以可以很快地分析出從哪些項目省一些錢，就能用在其他更需要的分類上。

　　我的高中同學阿璞，畢業後成為一名很受學生喜愛的老師，在外縣市租房、三餐、交通都靠自己。儘管老師並不是一般人眼中超級高收入的族群，但她靠著記帳，成為我們那群同

學中最早買房的人，而且沒有任何家人的贊助。阿璞從踏出社會的第一天就很認真的透過記帳軟體紀錄自己的開銷，從來沒有間斷過。

「我也叫我男朋友阿宇要一起記帳，我會定期幫他改作業！」阿璞有一天帶著一點嚴厲跟我開玩笑這麼說，不過我相信是真的。

「記帳的目的，是找到哪些分類中的錢可以拿出來更快幫我達成買房的夢想。」當我問為什麼這麼熱切地想記帳，她這麼回覆我。

無獨有偶，在阿璞買房的同一時間，我另一個好朋友——在金融界人資部門工作的小姿，也透過自己的收入，不跟家裡拿一分一毫買下人生中第一個家。小姿甚至還沒出社會就開始記帳，我還記得那時候她在政大附近的美式速食店打工，下課時我還常常去跟她要免費的薯條吃。因為她必須自己付學費，繳房租，所以她必須非常嚴格掌控自己的金錢流向，而這個習慣一直到她出社會到現在，一共持續了十年以上。就算後來她的收入已經非常優渥了，仍舊保持著記帳的習慣。

當我寫到這段記帳內容的時候，特別打電話去問她為什麼還保持著記帳的習慣，她的回答依然保持著狠角色的態度。

「我不想因為收入提高，就無腦地提高消費。記帳可以讓我看清楚自己的消費趨勢，把錢用在我覺得最值得的地方，就

是買房。」

對這兩個買房的同學來說，記帳絕對不是為記而記的流水帳，而是協助他們實現財務目標的方法。

記帳不只是流水帳

持續記帳，並不是單純紀錄今天花了哪些錢，看最後有沒有超支而已。

記帳有可以幫助我們進行理財的三大好處：

1. **幫助自己在更需要的地方擁有更多可以花的錢：** 沒有錢分為兩種：真的沒有錢，或是錢放到了不該花的地方，所以沒有錢。透過紀錄帳款用在哪些分類能找出問題，提醒自己在未來把錢省下來，把錢運用在更需要的地方。

2. **避免自己的花費隨著收入膨脹：** 許多人的收入提高之後，不知不覺也提高花費。如果沒有察覺，就算收入提高，也不會存下更多的錢。透過記帳可以看到自己的消費趨勢，來確保這件事不會發生。

3. **掌握自己每個月到底需要多少錢生活：** 有了比較長期的消費

紀錄，我們就知道自己一個月大概需要多少錢生活。這筆每個月要多少錢的金額提供我們一個基準，像是要活得更自由一點、或是想存更多錢、我們的收入至少要達到多少錢等等。這個數字可以幫助我們更準確評估目前的收入是否需要做調整。

什麼樣的人需要記帳？

記帳幫助我們面對問題，解決對未知的煩惱。

如果你總是在想到底把錢花到哪了？薪水不知道為什麼總是花光？

那麼記帳是一個很好的開始，因為這些煩惱如果不找方法分析解決，它仍舊會持續發生。持續放任這些煩惱佔據自己的心，是沒有用的，只要面對它就可以開始解決，不再需要苦苦等待奇蹟。

如果你有以下這五種煩惱，記帳會是幫助你拋除它們的最佳方式。

I. 每個月月底都在想自己到底把錢花到哪裡去

常常都不知道錢花在何處，有記帳就可以清晰的看出金錢流向，幫助你理解每筆花費。

2. 每個月幾乎都把薪水花光的人

如果你發現每個月的薪水總是在月底之前用完，記帳可以幫助你發現並控制不必要的開支，使薪水更長久地為你的生活提供支持。

3. 想存錢但都失敗的人

如果你曾試圖儲蓄卻總是未能實現目標，記帳能幫你找到省錢的機會，同時透過累積的數字激勵你堅持存錢的計畫。

4. 想要擁有更高品質生活的人

如果你夢想擁有更好的生活品質，記帳可以幫你制定預算，讓你有能力實現夢想，例如旅遊、進修或其他愛好。

5. 想要改善自己金錢狀況的人

如果你希望改善自己的財務狀況，記帳是一個絕佳的開始。它不僅幫助你管理開支，還能幫你建立更健康的金錢習慣，從而改善你的整體財務狀況。

當記帳習慣成為自然

要能夠成功記帳的意思是讓記帳變成一種自然而然地習

慣，哪怕是一杯飲料、一份早餐店的早餐，都能夠心無旁騖地把它記錄下來。要變成一種習慣，首先請選一個簡單好用的紀錄工具。除非你已經有記帳多年的習慣，否則不建議你選擇複雜的記帳工具，因為複雜是所有習慣養成的殺手。

常見的記帳工具包括手機 App、手寫記帳本和 Excel 表格。對於初次培養記帳習慣的人來說，我推薦使用手機 App。手機是我們日常生活中使用最頻繁的工具，開啟應用程式迅速，操作也相當方便。而且，目前市場上的許多應用程式都針對記帳需求提供了專門的功能，包括記帳提醒、預算超支通知、自訂分類等等。因此，在建立記帳習慣的前提下，使用 App 是最佳的選擇。

選擇記帳軟體

在眾多的記帳應用程式中，每一個都有其獨特的特色和適用對象。我從台灣的 App 中選擇了我自己使用過的，其中這三款是我覺得功能齊全又簡單上手的的記帳程式。

1. 記帳本：適合基本功能和想針對分類預算控制的用戶

記帳本比較特別的，是它以每個分類都會有自己的卡片進行記帳。可以設定每個卡片的預算跟看到卡片裡面的收支狀

況，除此之外 ios 還支援桌面小工具，可以看到每個分類的收支概況。另外還提供了自定義分類、預算設定和存錢目標等基本功能。對於那些希望針對分類收支有近一步掌握的用戶來說，是一個簡單實用的選擇。

2. 簡單記帳：適合追求美觀和簡便操作的用戶

簡單記帳最特別的是美漫風格圖表，每一個頁面都非常容易閱讀。這支 App 注重操作的簡易性，同時具備了豐富的圖表和提醒功能。對於那些初次想嘗試記帳的人來說，這款應用程式是一個不錯的選擇。

3.CWMoney：適合對功能有較高需求的用戶

CWMoney 擁有更多進階功能，包括掃描發票、共享帳本、預算和專案管理等。甚至是將記帳資料匯出到 csv 裡頭，這對於需要更多控制和詳細報告的用戶來說，是一個理想的選擇。然而，它的操作可能相對複雜，比較適合願意很認真記帳的族群。

無論你是簡單使用還是追求高級功能，都有適合的記帳應用程式。仔細考慮你的需求，選擇一個操作方便、功能齊全的應用程式。

記帳軟體的比較

	記帳本	簡單記帳	cwmoney
適合對象	針對每個分類特別控制預算的人	追求簡易操作、圖表漂亮的使用族群	想要功能較全面，要能夠掃描發票、專案設定等功能
主要功能	自定義分類 預算設定 存錢目標 卡片記帳 記帳提醒	自定義分類 記帳提醒 共享帳本 自動產生固定花費 綁定載具	自定義分類 掃描發票 共享帳本（vip） 預算管理 專案管理（結婚、出國旅遊）
操作簡易性	4分	5分	3分
功能全面性	4分	4分	5分

養成記帳習慣

　　想要養成記帳的習慣，幾個小技巧可以讓我們更快速培養。

I. 一天三個固定時間記帳

比起每次花完錢就記帳，我認為固定時間記帳反而更容易養成習慣。固定時間記帳可以建立起每天或每週都會記帳的習慣。這個習慣就會變得和你日常生活一樣自然，而不是需要特意提醒自己去做的事情。另外，固定時間記帳其實也是希望我們不要追求完美主義，每一筆帳都一定要記到，這樣很容易在少記了幾筆帳之後，就覺得好像不完美了而放棄。在固定時間只要盡可能把記憶中還記得的帳記下來就可以了。建議可以這樣安排三個固定時間：早上九點，把早餐或是前一天有深夜聚會或深夜的帳記下來；下午三點紀錄午餐等費用；晚上八點則紀錄下午到晚餐的費用。

2. 盡可能自動化

把房租、訂閱費等固定費用在記帳應用程式中設定好之後，你不再需要每個月手動輸入數字。這樣的自動記錄系統不僅省去了不必要的時間，也降低了出錯的風險。這些自動紀錄還能提供更準確的財務數據。當所有開支和收入都能自動記錄，你不再需要花時間和精力去手動輸入每一筆交易。這樣的省時省力過程減少了記帳的複雜性，使整個過程變得更加輕鬆。

3. App 設定在手機桌面最容易看見的地方

　　當你把記帳 App 放在手機桌面最顯眼的位置時，它就像是一個友善的提醒小幫手，總是在那裡等著你。每次你拿起手機，它就提醒著你「記帳喔！別忘了記帳！」，這樣你就不容易忘記了。而且，它就在你的指尖，點擊它就能輕鬆記錄每一筆開支和收入。

4. 加入記帳社群

　　這是我認為想要養成記帳習慣，最重要的一個小技巧！你可以透過臉書搜尋一些記帳 App 的社群，也可以利用 IG 搜尋記帳經驗分享的帳號。在社群裡你會發現許多和你一樣有記帳需求的朋友，大家會分享彼此的經驗、方法，甚至是挑戰，這種互相鼓勵的氛圍會讓你更有動力堅持下去。

　　社群的支持不僅僅是在技術層面上的幫助，更是在心理上的支持。當你在社群裡看到別人分享自己的成功故事，或是在困難時獲得鼓勵，會感受到一種共鳴和連結。這樣的正向能量會激勵你保持記帳的熱情，即便在開始時可能會覺得有些困難。

　　而且，加入社團能夠與其他用戶分享使用 App 的心得，聽取他們的建議和技巧。這樣的分享不僅可以了解到更多 App 的特點和功能，還能夠學到其他人的使用經驗，甚至發現一些你

之前可能忽略的功能。

記帳是為了真實呈現目前狀態

很多人放棄記帳，除了把記帳流程搞得太過複雜之外，還有一個很重要的因素是「好像從記帳的過程中，看到了不完美的自己」。

像是一不小心就連續三天花費超過當日預算的金額、或是忍不住去吃消費金額較高的餐飲、好幾次忘記了前一晚吃的晚餐到底多少錢等。其實，在這種情況下，越是應該保持記帳的習慣，因為記帳就是為了真實呈現目前的狀態，而不是透過記帳打造一個完美的人。

當你記帳時，有時會看到自己花錢超出預算，或是買了不必要的東西，讓人覺得焦慮和沮喪。但這是很正常的事情。**記帳不是為了顯示自己的完美，而是為了了解自己的消費習慣，包括不好的部分。**

每當你發現自己花錢超過預算，這是一個提醒，讓你知道自己在哪些地方需要改進。這不是批評，而是一個機會，讓你學習如何更好地控制花費，讓錢用得更明智。記帳就像是一面鏡子，讓你看到自己的行為，從而能夠做出更好的選擇。不要因為不完美而放棄記帳，相反，應該將它視為成長的機會。

定期檢視，紀錄的數據才會有意義

　　每個月安排一天檢視自己的花費數據，紀錄的數據才有意義。定期檢視的目的是為了要能夠回答以下的問題：

1. 在哪些分類上我花了太多的錢？這些錢省下來可以放到哪裡？

　　列出所有花費分類，例如食品、交通、娛樂等，看看哪些分類的開支超出了預算。問問自己這些支出是否必要，如果能省下來，可以考慮將這些錢儲蓄、投資，或者用於備用金。

2. 這個月跟之前的月份相比，我有沒有花更多錢？為什麼？

　　對比不同月份的花費數據，看看是否有增加。找出這種變化是因為特殊活動、節日、還是其他因素，了解這些變化背後的原因，可以幫助你更好地掌握消費的波動。

3. 有沒有同樣滿足可是更省錢的花費方式？

　　問問自己是否有更節省的方式來滿足需求。例如可以考慮自己做飯來取代外食，這樣既能滿足口腹之慾，又能省下不少錢。尋找更便宜的選擇，有助於降低開支。

4. 我在什麼情況下更容易花錢？

自我觀察在哪些情況下你更容易花錢，是在壓力大、情緒不穩定時還是逛網拍的時候？了解這些情況可以幫助你更好地控制自己的消費行為，避免在情緒影響下做出不明智的花費。

5. 目前的收支狀況，有沒有符合長期的理財規畫？

檢視你目前的收入和支出，看看是否符合你的長期理財計畫。如果你的支出超過收入，或者你的儲蓄和投資不如預期，可能需要調整、更節省，或者開始去尋找產生第二收入的機會。

定期檢視的五個步驟

步驟一　警戒線設定在20%

逐月比較這個月是不是花比較多錢，以 20% 為警戒線。

把 App 中的圖表拉出來，看花費是否有比之前的月份都還要多。如果超出 20% 就應該特別注意了，因為連續三個月都成長 20% 時，第三個月的花費就會成長到接近兩倍！

	1個月	2個月	3個月
20%	1.2	1.4	1.7
40%	1.4	1.9	2.7
60%	1.6	2.5	4.0
80%	1.8	3.2	5.8

步驟二　找到浮動花費中前三大花費金額的分類

浮動花費通常是指在不同月份可能有所變化的開支。以下是可能成為浮動花費的前三大分類：

1. **餐飲費用：**這可能是最常見的浮動花費項目之一。外食、外賣或者咖啡廳消費都屬於這個分類。人們經常因為社交活動、壓力或者習慣而改變餐飲習慣，導致這個項目的金額波動較大。

2. **娛樂活動：**包括電影、K 歌、看演唱會、看球賽等娛樂活動。這些活動的參與可能因為特殊活動或者節日而增加，導致這個項目的金額在不同月份有所變化。

3. 購物費用：包括日常的購物開支，例如衣物、電子產品、家居用品等。購物的需求和消費行為可能受到促銷活動、特價優惠、季節變化等因素的影響，使得這個項目的金額變化較大。

以上的分類僅供參考，實際的浮動花費項目可能因人而異。你可以透過仔細檢視過去幾個月的花費記錄，找出在不同月份波動最大的前三大分類。

步驟三　抓出非必要的花費

最常見區分非必要的花費，就是區隔出這筆花費是自己想要的，還是需要的？

這是一個關於個人價值觀和優先順序的問題，因此每個人的判斷可能會有所不同。以下提供一些區分的方法：

1. 必需品 vs. 奢侈品：必需品是生活所需的基本物品，例如食物、居住、醫療保健等。奢侈品則是非必要的高價值商品，例如名牌服飾、昂貴的手機、豪華旅遊等。如果某筆花費屬於奢侈品，而不是滿足基本需求，它可能被視為非必要的。

2. **即時滿足 vs. 長期投資：**如果花費是為了即時滿足，例如娛樂活動、餐飲、購物，而不是長期投資，例如教育、健康保險、退休基金，它可能被視為非必要的。

3. **娛樂和嗜好 vs. 必要的社交活動：**有些社交活動是必要的，例如參加摯友的聚會、家庭活動等，這些可以被視為基本的社交需求。但是，一些純粹的娛樂和嗜好，例如夜店、酒局等的社交活動，可能被視為非必要的。

總的來說，區分非必要花費的關鍵在於反思每筆花費背後的價值和需求。問問自己這筆花費是不是真的對生活品質和幸福感有實質影響，以及它是否符合你的長期財務目標。

步驟四　分析非必要花費產生的原因、狀態、時間點

分析非必要花費的原因、狀態和時間點是一個很重要的過程，下次再遇到同樣的狀態時就能預先提醒自己：我們可能多花了錢喔！

常見的容易花錢的狀況有以下幾種：

原因

1. 情緒或壓力：有時人們在情緒不穩定或者壓力下容易進行消費，以求得短暫的舒適感。這可能是因為情感需要或者壓力的釋放。

2. 習慣：一些購物或娛樂活動可能成為習慣，即使沒有實際需求，人們也會不自覺地進行這些消費。

3. 同儕壓力：社交場合中，人們可能受到他人影響，感受到購買某些物品或參加某些活動的壓力。

狀態

1. 一時享樂：這種狀態下，人們傾向於追求即時滿足，尋找快速的快樂感，而忽視了長期影響。

2. 衝動購買：在一時衝動下進行的購買通常是非必要的，且可能後悔。這種衝動可能源自於特價、促銷或者心情不穩定。

時間點

1. 節日和特殊活動：節日、特價日或者促銷活動可能使人們更

容易進行非必要的花費。這些時候商家通常推出各種優惠，吸引人們購物。

2. 工作繁忙期： 在壓力較大的時期，人們可能傾向於透過購物或娛樂活動來舒緩壓力，這可能導致非必要的花費增加。

了解這些原因、狀態和時間點，可以幫助你在這些情況下更加警覺自己的消費行為。預先設定一些規則，例如避免在情緒不好時進行購物、在工作壓力大盡量接觸大自然等等，可以幫助你更好地控制非必要的花費。

步驟五　列出「開始」、「停止」和「繼續」的改善計畫

財務計畫的改善架構可以很簡單，只需要包含四個項目：具體的改善數字、開始的行動、必須停止的行動以及可以繼續的行動。

一個簡單的範例如下：

改善計畫

具體的改善數字	下個月餐飲費用減少2000元

開始	制定每週自煮一天的晚餐計劃：購買食材並自行烹飪，嘗試不同的食譜，以確保吃得美味且經濟實惠
停止	外出週五晚上喝酒：停止這個習慣，避免週五晚上外出喝酒，以節省資金
繼續	自家沖泡咖啡習慣：保持在家沖泡咖啡的習慣，可以持續節省購買外賣咖啡的費用

　　分成「開始」、「停止」和「繼續」這三個類別的財務計畫，具有以下好處：

1. **明確目標**：將計畫分成這三個類別有助於確定具體、可量化的目標。你知道哪些方面需要開始新的行動、哪些習慣需要停止，以及哪些好習慣需要繼續。

2. **方向明確**：每個類別代表了明確的行動方針。你知道應該採取什麼行動來實現目標，也知道應該避免哪些行為以防止財務損失。

3. **自我監控**：可以隨時檢查自己是在遵從計畫還是偏離計畫，並且採取適當的行動來調整。

4. **持續改進：**每個月你都可以根據自己的財務狀況，更新這三個類別的項目。這樣便能不斷在計畫中進行評估和調整，確保它符合你的實際需求。

5. **提供動力和激勵：**當你看到在「開始」和「繼續」類別取得的進展時，將帶來成就感和激勵。同時，在「停止」類別中成功避免了不必要的開支，也是一種獲得成就感的方式。

一次性消費到底該不該記？

　　一次性消費，例如幫老爸買按摩椅作為父親節禮物，或為了重要面試而特別購買的套裝，總是讓人在記帳時感到困惑。這樣的支出是臨時性的，不屬於日常花費的一部分，那麼，我們是否應該將它們納入記帳的範圍呢？

　　我的看法是應該記帳。無論是一次性還是日常的支出，都應該被紀錄下來，以保持財務記錄的完整性。每筆開支的紀錄是了解自身花費習慣的重要步驟，有了這些紀錄才能正確反映當月的真實總花費。**然而，在記帳的過程中，我會將這些一次性支出紀錄到其他分類中，同時註記它們是臨時性的消費。**

　　相對於歸類為日常服飾或生活用品，將它們單獨列為一類，有助於避免影響長期的花費趨勢分析。這麼做不僅可以確保我們的月度總花費準確無誤，也能夠保持前後月份比較的客觀性。這樣的方法不僅避免在估算每個分類平均花費時的數據失真，同時也確保了我們對財務狀況的準確理解。

這樣的計畫非常具體，每個項目都有清晰的行動方針，就不會不知道該怎麼做了。

何時可以不要記帳？

在開始打工賺錢之後，我們可能要有五到十年的期間都認真記帳，來幫助我們成為一個更聰明的客人、達成我們的財務目標。

然而，當開始有一些財務基礎後，並且懂得制定明智的理財計畫，我們或許會問自己一個問題：「何時是放下記帳筆記的時候？何時我們可以不再為每一筆花費默默記下，而仍然能夠信心十足地面對生活呢？」

放下記帳本的時刻，是當我們已經深耕累積了穩定的財務習慣。這不僅僅是關於每月的收支平衡，更是一種心態的轉變。當我們學會了自律，不再陷入無謂的花費，知道何時該儲蓄何時該消費，這時，我們已經超越了單純的記帳，成為更加成熟的消費者、理財達人。

要能達到這種狀態，通常要符合以下三個其中一種情況：**穩定的財務習慣、實現財務目標、簡單的財務狀況。**

當我們成功實現了早已設定的財務目標，這可能是另一個停下手中筆記的時刻。無論是存夠了買房的首付，還是償還

了所有債務，當奮鬥的目標實現時，或許是時候讓自己稍事休息，不再拘泥於每分每秒的財務監控。

對於那些財務狀況相對簡單的人來說，當每月的收入穩定、開支可控，且沒有龐大的債務壓力，也許不需要將每一筆開支都放大鏡下檢視。

因此，當我們擁有了穩定的財務習慣、實現了財務目標，或者處於相對簡單穩定的財務狀況，或許就是時候將 App 封存的時候了。當放下記帳的時刻，是我們告訴自己：「我已經走得很遠，我有足夠的信心面對生活的挑戰。」這是一個自由的開始，是不再受數字框限的開始，我們學會了以自己的方式理財，不再依賴冰冷的數據，而是信任自己的判斷。

所以，其實每個人記帳，都是希望走向不再需要記帳的那一天。也但願這一天，可以及早降臨在你身上。

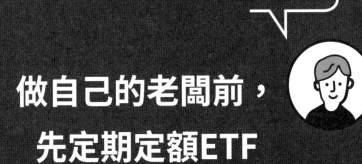

CH 4

做自己的老闆前，
先定期定額ETF

多數人都希望有一段真正自由的時間，畢竟出社會後大部分的日子裡，我們都在妥協並聽命於人，日常工時八小時中戰戰兢兢地工作著，沒有辦法自己決定何時要做什麼事情，對於日常感到疲憊而放棄心中真摯的夢想。在追逐這個夢想的道路上，有些人在很年輕的時候便實現；有一部分人則比其他人提早達成目標；然而也有很多人，努力了大半輩子，最終才能夠享受短暫的快樂。在這樣的情形下，我們渴望可以財富自由，因此有些人迫切希望有一夕暴富的機會，甚至不擇手段借錢賭博、聽信各種 line 群組的明牌，結果反而因為過於急切，而面臨資產歸零、要重新開始的窘境。

　　其實，在追求成為自己老闆的路上，工作賺錢的同時，還有一條捷徑；許多人都聽說過，但卻很少人真的認真去執行，那就是「定期定額投資 ETF」。這條路需要堅持，卻是一個穩健的方法，讓我們能夠在比較安穩的狀態下提早獲得想要的生活。

深入淺出ETF，這次就把它真的搞懂

在我所經營的理財 IG 上，我回答了數千則關於理財投資的問題。令我感到驚訝的是，超過九成的問題都圍繞著 ETF。大多數問問題的人都是因為看到身邊的朋友，或是網路社群的推薦，覺得自己也應該要開始投資 ETF。

但實際上，他們很多時候對 ETF 並不太了解。有些甚至誤以為 ETF 是像銀行定期存款一樣的投資工具，常問我「如果 ETF 不發放股息，定期定額投資 ETF 如何賺錢？」或者「我已經開始定期定額 ETF，但現在是好的投資時機嗎？」

這些疑問背後其實是對 ETF 有些許的誤解或一知半解。我相信只要深入了解 ETF 的特性，投資者將能夠更自信並持續地進行定期定額投資。

為了解答這些問題，我經常嘗試將複雜的 ETF 知識簡化。因此，我的貼文和文章得到了許多理財初學者的喜愛。他們告訴我這些內容幫助他們解開了長期以來的疑惑。在這一章中，

我會更系統性地呈現我過去整理的知識。

希望你能夠花一點時間，把這一部分看完，相信透過一次性的了解，你會對你的投資更加有信心！

什麼是ETF？

追蹤的標的指數　　像股票一樣在交易所買賣

ETF 全名為「Exchange Traded Fund」或中文所稱的「指數股票型基金」，這個名稱看起來很複雜，但我們可以輕易地拆成兩個部分理解。

1. 指數：指的是有追蹤的標的指數

如同前面所提的，約翰伯格創建了一種指數型基金，用意是複製整體市場的報酬，而 ETF 也是一種指數型基金，它也有追蹤指數。一檔 ETF 的目標就是要能夠複製出追蹤指數的報酬率。

2. 股票型：像股票一樣在交易所買賣

　　ETF 不像一般的基金，只能在收盤後依照淨值申購與贖回。它是一種證券化的基金，可以直接在證券市場跟股票一樣交易，因此我們透過下單 App 就能透過券商進行買賣。

ETF的起源

　　ETF 的起源其實是……大家都太不會投資了！

　　當你在電視或網路上看到那些名師強烈推薦的明牌，真的每次都能毫不猶豫地購買嗎？大賺的背後就是高風險，知道這一點，大部分的人都不敢盲目投資。

　　「生存者偏誤」是心理學上的一個概念，它告訴我們，由於我們更容易看到成功者，所以常常高估了成功的可能性。當我們看到投資界的成功者，例如那些在股市或房地產中賺取豐厚回報的人，我們很容易受到影響，誤以為只要模仿他們的策略或方法，也能獲得相同的成功。然而，我們往往忽略了那些沒有被媒體報導或被人們討論的投資失敗者，他們的失敗經驗可能更有代表性，卻因為「生存者偏誤」而被忽略。這導致我們在進行投資時，可能高估自己的能力和市場的回報，而低估了投資的風險。

　　很多時候我們只看到那些賺大錢的人，像是股神巴菲特，

美國基金表現

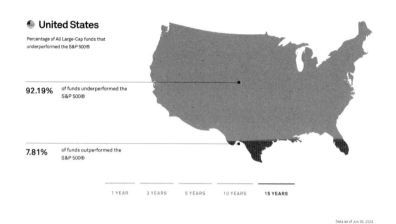

資料來源:標普道瓊斯指數SPIVA

卻忘了有無數個比巴菲特更聰明,更有能力的人,最後都投資
失敗了。

　　事實上,絕大多數的基金並未超越市場平均水平,大部分
的基金表現都輸給整體市場。大部分人統稱的基金,就是把一
群散戶的錢集合起來,交給專業的基金經理人拿去投資,幫我
們賺錢。通常評估它們表現得好不好,主要會是看有沒有「打
敗大盤」,意思是基金的報酬表現有沒有高於市場大部分股票
的平均報酬。

　　那在過去歷史中,基金的表現好不好呢?有沒有打敗大盤
呢?

想要知道每年有多少主動式基金真正地打敗了市場？你可以前往 SPIVA 的官方網站來查詢相關的數據和資訊。每年 SPIVA 都會出具一份詳細的報告，稱為「scorecard」，其中詳盡地列出各類基金與其對應指數的比較結果。對於真正想要深入了解市場動態的投資人，這些 scorecard 報告是一個極具參考價值的資源。

根據 SPIVA 2023 年六月的最新資料來看，**最近十五年，在美國這個全世界最大交易量的證券市場中，有超過 92.19% 的基金表現輸給了美股市場的平均報酬。**這實際上意味著，**如果投資者選擇投資於基金，十五年後，超過九成的機率其報酬將不如直接購買市場上的主要股票。**你可能會疑惑，要怎麼買整個市場的股票呢？不急，後面會為你一一解析。

從數據上來看，就算基金的經理人大學學位是財經相關，也擁有實際操盤的經驗，但是要能精準挑選出一籃子股票且表現比大部分股票還好，這是一件非常難達成的事情。

當我們想要去探討這種追求打敗市場的主動式基金表現績效時，SPIVA 是一個不可或缺的研究工具。SPIVA 源於 S&P Dow Jones Indices 的研究平台，主要目的是評估主動管理型基金的表現是否能夠超越其相對的標普指數。

在 SPIVA 研究運作十五年時，他們發佈一篇文章統整了他

們針對主動式管理基金與大盤表現的相關發現，以下節錄重點
給各位。

重點一　長期基金績效問題

過去五年，某些基金在短期和中期投資績效超越其基準。
但在十年和十五年的長期範疇中，大多數基金在所有類別中都
未能超越基準。

重點二　一致性問題

長期間超越市場的能力非常難以持續。研究顯示，大部分
的主動管理者在不同的地區、國家和市場部門歷史上均未能超
越他們的基準。

重點三　基金壽命問題

長期間基金的「死亡率」很高。僅約 79% 和 57% 的國內基
金分別在五年和十年的投資範疇中存活。當測量期擴展到十五
年時，該數字大幅下降到 42%。

從這些數據中，我們可以看到，即使是那些全天候研究市

場的專家，也不容易在長期中打敗大盤（而且還會跟我們收管理費）。那麼我們這些普通投資者，要能夠憑著自己的運氣與天賦長期在股市中炒股賺錢的可能性有多大呢？

面對這個難以打敗市場的問題，被巴菲特大力讚賞的約翰‧伯格很早就開始思考要如何解決。

ETF教父──約翰‧伯格

約翰‧伯格被尊稱為「指數投資之父」，代表著他在這個投資領域的開創性貢獻。他創辦了位於賓州的先鋒集團（Vanguard Group），這家公司不僅是美國最大的共同基金公司，還是全球資產管理的佼佼者，以其低成本、高效率的指數基金和 ETF 聞名，並且秉持著為投資者提供最大價值的核心理念。

在當代金融市場中，指數投資不僅僅是一種簡單的投資方法，它已經成為 ETF 的一種核心投資精神。伯格堅信，藉由投資於廣泛的市場指數，投資者可以獲得更為穩定的回報，並且同時降低風險和成本。

什麼是指數投資？就是投資在市場主要的一大堆股票，而不是挑選個別的。

伯格帶領大家這樣做，讓這種方式在金融界受到熱烈歡

迎，而現在的 ETF 就是依賴這個策略運作的。

創建第一支追蹤市場的基金

在 1970 年代，伯格深入觀察金融市場，發現專業管理的共同基金在多數情況下未能超越大盤，而且伴隨著驚人的管理費用。他進一步認識到，這些額外的成本實際上是侵蝕了投資者的回報，這與他在自己的書中《共同基金必勝法則》（*Commen Sense On Mutual Funds*）提到的「派餅理論」中描述的觀點相契合，即市場的成本長期累積下來會消耗掉投資人一大部分的獲利。

這些觀察使他思考：**當你可以以更低的成本簡單地複製它的報酬，為什麼要冒著高風險，嘗試去打敗市場呢？**因此他提出革命性的理念，**即創建一種基金，其主要目標是追蹤市場的整體表現，而非嘗試超越它。這個想法成為指數投資的基石。**

1975 年時伯格實踐了這一理念，創建了先鋒 500 指數基金。雖然初時遭到業界的質疑和嘲笑，但該基金不僅證明其長期價值，而且開啟一個全新的投資時代。現在，指數基金的策略受到廣大投資者的青睞，證明伯格的前瞻性思維和他對派餅理論的堅信。

他始終認為，投資者透過指數基金可以擁有一種低成本、

約翰・伯格不僅奠定了 ETF 的基礎，更透過著作《Common Sense on Mutual Funds》傳達他的投資哲學，書中他引入一個名為「派餅理論」（The Pie Theory）的觀念，用以解釋市場的收益如何在投資者之間分配。

這個理論的核心思想是：在扣除成本之前，所有投資者的平均回報將等於市場的整體回報。這意味著，如果一些投資者超過了市場回報，那麼其他投資者的回報將低於市場平均值。

派餅理論提出，所有市場參與者的總收益可以被視為一個「整體的派餅」，這個派餅的大小固定，由所有參與者共享。以此理論為基礎，他提到在 1926 年至 1997 年間，投資者在股票市場上享受到的平均收益率為 11%。而從 1982 年到 1997 年間，這一數字更是到達驚人的 17%。但是，當考慮到交易成本、管理費等因素後，這 11% 的總收益可能只剩下 9% 可以真正被投資者分配。

伯格強調，長期投資者如果能夠降低成本，他們就有更大的機會從市場中獲得更大的收益。同時他也警告如果投資者不注意這些隱藏的成本，那麼他們可能會失去市場的四分之一甚至更多的實際回報。

透過這一派餅理論，伯格明確地表明了投資全市場的好處。他認為，藉由將焦點集中在全市場上，並努力減少不必要的成本和費用，投資者可以最大化他們的實際回報。

高效率且長期的投資策略。

先鋒 500 指數基金正式名稱為「Vanguard 500 Index Fund」，是一款目標模擬標普 500 指數（S&P 500）表現的基金。其設計目的是為投資者提供一個低成本、高效率的方式來獲得美國大

型上市公司的平均市場回報。

1. **追蹤的指數**：這款基金追蹤的是標普 500 指數（S&P 500）。標普 500 指數由 Standard & Poor's 編制，涵蓋美國股市中最大的 500 家上市公司，代表美國股市大約 80% 市值。

2. **成分股的規則**：標普 500 指數的成分股是基於市值加權選擇的，意味著指數中的每家公司都是按其總市值的相對比例加入的。這使得指數的大部分價值由最大的上市公司決定，而較小的公司對整體表現的影響較小。

3. **過去的歷史表現**：自 1975 年成立以來，先鋒 500 指數基金已經有了一段相當長的歷史。雖然短期內可能有波動，但從長遠來看，其回報與標普 500 指數非常接近，並且由於其低成本特性，對許多投資者而言，它在長期內提供了可觀的回報。

4. **市場的反應**：最初，當伯格推出這種新型基金時，確實遭受了金融界的質疑。但隨著時間的推移，投資者開始認識到其價值，特別是在比較它與許多高成本主動管理基金的表現時。如今，先鋒 500 指數基金已經受到數百萬投資者的喜愛

和信賴，且其資產規模已成為業界的領先者之一。

　　加入先鋒 500 指數基金的投資者，實質上是在選擇一個簡單但強大的策略：**既然無法打敗市場，不如複製它。**

　　這是伯格所提倡的核心概念，他認為對大多數投資者來說，與其花費大量時間和資源試圖預測市場走勢和選擇個別股票，不如選擇一個能夠反映整體市場表現的指數基金。

　　這種思維有其根本原因：首先，多數的主動管理基金長期來看往往無法持續超越市場，特別是在扣除費用後；其次，將投資集中在少數股票上帶有較高的風險，而透過購買指數基金，投資者可以獲得更好的多樣化，降低特定股票的風險。此外，先鋒 500 指數基金的另一大吸引力是其低成本結構。伯格先生堅信，投資成本是投資者能夠控制的唯一因素，而長時間累計下來，較高的管理費和交易成本會顯著影響投資回報。

　　因此，既然無法打敗市場，不如加入他的策略，讓投資更為簡單、透明和低成本，這正是伯格和先鋒集團所倡導的投資哲學的核心。透過這種策略，投資者可以更加專注於他們的長期財務目標，而不是短期的市場波動。

　　伯格因為建立第一檔指數型基金而被尊稱為被動投資（不主動選股）的先驅，然而，他其實從未直接推出過任何一檔 ETF，伯格的貢獻在於奠定了 ETF 的理論基礎和實務運作。

伯格建立的關鍵ETF基礎

1. 指數基金的概念： 伯格認識到，多數的主動管理基金長期來看都無法持續超越市場。基於這一觀察，他推出先鋒500指數基金，這是第一個旨在追蹤市場指數而非嘗試超越它的基金。

2. 降低投資成本： 伯格深知，高額的管理費和其他費用是侵蝕投資回報的主要因素。因此，他推崇低成本投資，認為只有降低成本，投資者才能獲得更好的長期回報。

3. 普及投資教育： 伯格熱衷於教育投資者關於市場的工作原理和如何做出明智的投資決策。他的書籍、演講和訪談都強調指數投資的價值和效益。

4. 為投資者謀求最大利益： 伯格堅信，投資公司的首要責任是為投資者創造價值，而非為公司自身或其管理層賺錢。

　　因此，儘管伯格沒有直接創立ETF，但他奠定的指數投資基礎無疑為後來ETF的出現和普及鋪平了道路，他的理念和策略直接啟發ETF產品的設計和發展。

第一支掛牌ETF的誕生

全世界第一支掛牌的 ETF 是 SPY，這支 ETF 的誕生主要來自兩個原因：

1. **民眾開始理解無腦被動投資的意義**：傳統上，投資者通常尋求超越市場平均水平的報酬，依賴於基金經理的選股能力。然而，約翰·伯格等投資界的先驅者開始關注到，多數主動管理的共同基金未能長期超越市場，且伴隨高昂的管理費用。這一觀察促使指數型基金這種買下整個市場大部分股票、不選股的被動投資的興起。

2. **買基金不夠方便**：儘管存在被動投資策略，但投資者仍然需要一個關鍵的元素，那就是流動性。傳統共同基金通常只能在每個交易日結束時進行申購與贖回，這對投資者來說相對不夠靈活。然而，隨著電子交易的發展，投資者開始尋求一種能夠在市場交易所上買賣的投資工具，就像買賣個別股票一樣流動。

SPY 基本資料

（資料日期：2023.09.30）

名稱	SPDR S&P 500 ETF Trust（俗稱spider 蜘蛛）
代號	SPY
10年年化報酬率	11.91%
現金股利報酬率	1.53%
持有成分股數量	503
成立日期	1993/01/22
追蹤指數	S&P 500
配息頻率	每季
管理費用	0.0945%
發行公司	STATE STREET GLOBAL ADVISORS

為了滿足這兩個需求，美國於 1993 年首次推出了第一檔 ETF，即 SPY（SPDR S&P 500 ETF Trust）。**SPY 的獨特之處在於以下幾點：**

1. **追蹤指數**：SPY 的主要目標是追蹤標準普爾 500 指數的表現，而不是試圖超越它。這使得投資者能夠簡單地投資於整個市

SPY 前十大持股

APPLE INC（蘋果）	7.19%
MICOROSFT CORP（微軟）	6.86%
AMAZON.COM INC（亞馬遜）	3.25%
NVIDIA CORP（輝達）	2.90%
ALPHABET INC CLA A（谷歌）	2.28%
ALPHABET INC CL C（谷歌）	1.96%
META PLATFORMS INC CLASS A（臉書）	1.94%
BERKSHIRE HATHAWAY INC CL B（波克夏）	1.72%
TESLA INC（特斯拉）	1.69%
UNITEDHEALTH GROUP INC（聯合健康）	1.37%

場，而不必挑選個別股票。

2. 交易所交易：SPY 股份可以在股票交易所上像個別股票一樣進行買賣，這為投資者提供了極大的流動性和便捷性。

3. 流動性：SPY 的流動性非常高，因為它是市場上最廣泛交易

的 ETF 之一，這使得投資者可以在市場開放時隨時進行買賣。

因此，SPY 的誕生標誌著 ETF 行業的誕生，為投資者提供一種被動投資策略，同時兼具高流動性和便捷性。這一檔 ETF 的成功不僅奠定了 ETF 行業的基礎，還為各種資產類別和投資策略的 ETF 提供模範和靈感。至今，SPY 仍然是全球最著名的 ETF 之一，為投資者提供參與市場的簡單途徑。

ETF的誕生是基金不斷進化的結果

ETF 其實就像是基金的升級版，是透過數據分析、市場回饋後進步與轉型的結果。ETF 的誕生脈絡，我們可以從 1924 年說起。

1924 美國出現了第一支開放式基金，名為「Massachusetts Investors Trust」。投資人把錢交給專業的經理人，由他替我們賺錢。在此之後有更多基金推出，但歷史數據發現，經理人主動選股的策略，長期來說經常打不贏大盤。

1975 年第一支指數型基金的推出，解決了主動選股的問題。約翰‧伯格於 1975 年創立 Vanguard 公司，推出「Vanguard 500 Index Fund」。這是第一支在模仿 S&P 500 指數表現的基金，

從基金到ETF

SSGA發行了第一支
可以跟股票一樣在交
易所交易的指數型基
金，簡稱為ETF

1993
第一支ETF誕生
（跟股票一樣容易交易
的指數型基金）

進化

基金不像股票
容易成交好買

遇到問題

約翰伯格開創的先鋒
集團創立名為「Van-
guard 500 Index
Fund」的指數型基
金。它的目標是追蹤
標普500指數的表現，
而不是試圖超越。

1975
世界有了
第一支指數型基金
（不主動選股，單純複
製市場上的股票報酬）

進化

全球第一支共同基金
誕生於1924年，名為
「麻省投資者信託」
（Massachusetts
Investors Trust）

大部分基金經理人操盤表
現長期來說，都贏不了整
體市場

遇到問題

1924
世界有了第一支基金
（基金經理人選股）

其背後的理念是解決主動選股策略經常打不贏大盤的問題。

然而，雖然指數型基金在長期投資中提供了穩定的回報，
但其在日常交易中的流動性不足，只能在當天收盤後進行申購

與贖回，對於想要可以立刻買進或賣出的交易人仍舊不夠方便。

1993 年 ETF 的崛起。 正是基於指數型基金交易不夠靈活的問題。1993 年，SSGA 推出第一支交易所交易基金（ETF）「SPDR S&P 500 ETF Trust」。ETF 結合了開放式基金的投資策略和普通股票的交易特性，允許投資者在交易所上即時買賣，提供了更高的流動性。

總結一下，從開放式基金到指數型基金，再到 ETF，每一步的改變都是因為市場的需求。

基金 vs. 指數型基金 vs. ETF

了解 ETF 產生的脈絡之後，我們能理解到：

I. 為什麼現在更多的投資人會開始轉向關注 ETF，而非共同基金？

因為它解決了部分投資共同基金的問題，例如無法得到長期高於市場的報酬，或是不好買賣的問題。

2. ETF 其實也是一種基金，而且是可以在股票交易所買賣的指數型基金

ETF 的全名是「Exchange Traded Fund」，中文稱為「交易

所交易基金」。它結合了指數基金和股票的特性，可以在交易所即時買賣，像股票一樣。

下表為基金、指數型基金、ETF 這三者的異同處，方便你更加了解 ETF 的特性。

基金、指數型基金、ETF的比較

	共同基金 (主動型基金)	指數型基金 (被動型基金)	ETF
第一檔發行時間	1924年	1975年	1993年
投資的成分股	由基金經理人依照專業判斷挑選	依照追蹤指數的成分股清單購買	依照追蹤指數的成分股清單購買
管理費	較高	中	低
操作目標	打敗大盤	複製指數的報酬	複製指數的報酬
管理方式	主動管理	被動管理	被動管理
能透過券商下單	✕	✕	✓
交易時間	收盤後依照淨值定價，不能隨時交易	收盤後依照淨值定價，不能隨時交易	開盤時間都能跟股票一樣進行掛單交易
成分股揭露	✕	✓	✓
買賣方式	透過基金公司	透過基金公司	透過券商

為什麼要定期定額ETF？

原因一　跟著世界進步一起賺錢

在這幾年 ETF 盛行的時候，你可能已經常常聽到「用 ETF 買下全世界」、「定期定額 ETF 提早退休」或是「存下幾張 ETF 每個月替自己加薪」等口號。上述幾個口號大致有抓到定期定額 ETF 的精髓。不過我覺得用這句話形容，會更加貼切——**「世界進步，我就賺錢」**，這才是定期定額 ETF 的核心概念。

首先，把整個歷史的時間拉遠一點來看，這個世界持續透過科學家研究新的科技與發明，變得更加進步，且進步的速度也越來越快速。二十年前，我們可能無法想像透過手機就能跟世界各地的人視訊溝通；二十年後的現在，卻能夠開始想像 AI 幫我們寫論文、或是人類能夠登上火星。就算我們自己無法證明科技進步，但每個人都體驗到了。

任何相信世界會進步，而且會進步越來越快的人，都可以透過定期定額市場型 ETF 賺到錢。為什麼這麼說呢？

還記得國中課本提到的 GDP（Gross Domestic Product）嗎？

簡單來說，**GDP 是一個國家可以生產的所有物品加起來的總價值。**如果 GDP 上升，就代表這個國家的人民擁有更多物品，也就是經濟產值越好。

一個國家能夠生產越高價值的物品，或是越快速生產物品的背後因素，就是來自科技的進步。所以，科技進步，國家經濟會進步；國家經濟提升，證券市場的公司估值也會提升。而市場型的 ETF 因為會涵蓋到大部分的公司，ETF 的價值也會跟著上升。這時候把價格上升的 ETF 賣掉，你就賺錢了。

「世界進步，我就賺錢」背後的道理是，當科技持續穩定的長期進步，手中的 ETF 價格就會隨之上升，持有者就能因此賺到錢。所以說，如果我們都在享受科技進步所帶來的便利了，怎麼不也一起賺取它帶來的經濟成長價值呢？而且，既然科技進步是世界的必然走向，那麼定期定額市場型的 ETF，長期來說能夠穩定獲利也會是高勝率的。

最後，**定期定額市場型的 ETF 其實也是透過投信公司，長期去支持世界上最努力創新的一群公司和一群奮力工作的人。**這件事情本身具備老闆思維，且帶有正面意義。

原因二 報酬遠勝定存

前面說到科技進步創造經濟成長是必然的話，現在來看看定期定額 ETF 歷史數據告訴我們可以幫我們賺多少錢。

通常在看歷史表現的時候，數據樣本越多越好，這樣才能反映出長期面對不同時期股市震盪的真實表現。因此，先來看看台灣成立最久的一檔 ETF「元大台灣 50」。

元大台灣 50（0050）成立於 2003 年六月，為台灣首檔 ETF，成立至今二十年，截至 2023 的五月底，累積報酬率是 550%，換算含息的年化報酬率約為 9.8%。光是看數據可能沒有感覺，我們來算算看具體會存到多少錢。

拿定期定額 0050 跟定存比較，每個月定期定額 1 萬元，

每個月投入10,000元，定期定額ETF跟銀行定存差異		
定期定額年數	0050	銀行定存
5	NT$770,291	NT$622,669
10	NT$2,025,150	NT$1,293,803
15	NT$4,069,405	NT$2,017,174
20	NT$7,399,642	NT$2,796,848
30	NT$21,662,857	NT$4,542,972

到了第 30 年，投資 0050 的累積資產是 2,160 萬，而銀行定存則是 454 萬，整整差了 1,700 萬！

同樣是存錢，如果是定期定額投資 ETF，假設年化報酬率沒有太大的差異，那麼選擇定期定額 0050 的人，就可以比選擇銀行定存的人更有餘裕退休去做自己想做的事情。

如果換成用時間的角度來比較，假設兩個好朋友 A 跟 B 都想存到人生的第一桶金，然後存到 2,000 萬就退休去追逐夢想的話，A 選擇定存 0050，B 選擇定存銀行，分別每個月存 20,000 元來比較兩者分別需要花多少時間。

一樣是存到一桶金，選擇定存 0050 的 A 會花三年七個月，而 B 則會花四年兩個月，你可能會覺得才差八個月好像沒什麼感覺，**但是當目標金額變大成兩千萬的時候的時候，複利的累**

每個月投入20,000元財富累積，定期定額ETF跟銀行定存時間差異

	A定存0050	B定存銀行	存0050提早時間
存到一百萬	3年7個月	4年2個月	8個月
存到一千萬	16年9個月	32年5個月	16年
存到兩萬	22年10個月	54年1個月	31年

積增長效應就會創造明顯的時間差。定存 0050 的 A 會花將近二十三年的時間存到，但是選擇定存銀行的 B 就必須要花五十四年才能達成！

這也告訴我們，定期定額 ETF 如果能夠保持耐心持續買進的話，時間抱得越久，錢滾錢的數量會變得非常可觀，跟定存銀行的方式來比，達成目標數字的時間會是數十年以上的差異。

因此，想要提早做自己的老闆，定期定額 ETF 有很高的機率在長期的表現下，贏過許多投資管道，包含定存。

原因三　不用動腦

定期定額市場型的 ETF 除了報酬率表現優於定存許多之外，還有一個很吸引人的優點：這樣的投資方式幾乎不用動腦。基本上開畢證券戶後，在下單的 App 中設定每個月要定期定額多少錢就完成了，直到二十、三十年回頭來看，就會發現自己累積了許多資金。跟短線炒股票來比，炒股票要判斷進出場時機，但是定期定額市場型 ETF 反而不用！

投資市場型 ETF 並且長期持有，是因為我們相信世界的科技會不斷進步，所以股市長期的價值理論上來說會持續提升，ETF 抱得越久，越能夠吃到更多獲利。**因此，定期定額市場型 ETF 只需要一個策略，就是持續買進、抱著不動。**

這樣的策略讓我們可以不用去管到底現在市場好不好、進出場的時間點如何，反正每一段時間投入一定金額去買入，可以平均分散成本，還不會有太大的資金壓力，隨著時間增長，我們手中的 ETF 價值也會跟著市場一起增長。相較於投資房地產或副業，需要花費大量的時間和心力去分析市場、選擇合適的地段或經營模式，定期定額市場型 ETF 幾乎不需要動腦。

這種輕鬆的投資方式不僅讓我們的財務得到增值，同時也賦予更多的自由和靈活性，讓我們能夠隨心所欲地選擇如何度過每一天。這不僅僅是一種理財策略，更是一種生活態度，使我們能夠更充分地享受生活的美好，並且在不斷成長的過程中找到更多的快樂和滿足感。

在這個強調個人主義和效率的時代，我認為定期定額市場型 ETF 是一種非常適合那些想專注於追求夢想或體驗生活的人的投資方式。

其他國家ETF的報酬表現

前面的內容裡提及了台灣成立最久的 ETF，現在就讓我們來看看世界各國發行的 ETF 是不是也有相同優秀的表現吧！

在全球金融市場的發展歷程中，ETF 已成為投資者的重要工具。SPDR S&P 500 ETF Trust（簡稱：SPY）是這一類型投資工具的先驅，它於 1993 年在美國推出，成為全球第一支 ETF。該基金追蹤 S&P 500 指數，提供投資者一種簡單而有效的方法，以投資於美國最大且最有影響力的五百家上市公司。

隨著 SPY 的成功，到了 2000 年，其他主要國家如英國、德國和日本也相繼推出了自己的 ETF。

例如，英國的 iShares FTSE 100 UCITS ETF 追蹤英國市值最大的一百家公司；而日本的 Nikkei 225 Exchange Traded Fund 則投資於日本證券交易所上市的二百二十五家選定的大型公司。

這些 ETF 都是為了要捕捉個國家市場的核心報酬，並為投資者提供一個低成本、高效率的投資方法與極佳的多元化工

國家	代號	成立年份	名稱	成分股規則
美國	SPY	1993	標普500指數ETF（SPDR S&P 500 ETF Trust）	包含美國五百家大型上市公司，代表了美國股票市場大約80%的市值
英國	ISF	2000	iShares富時100指數ETF（iShares FTSE 100 UCITS ETF）	包含英國市值最大的一百家上市公司
日本	1321	2001	東證日經225指數ETF（Nikkei 225 Index）	該指數包括東京證券交易所上市的二百二十五家選定的大型公司

具，使他們能夠輕鬆參與到全球各大市場的投資中，並分享其成長的利益。

從多年的績效分析中可以看出，在美國、英國和日本這三大經濟體中，最早上市的幾檔ETF均展現了相當亮眼的年化報酬率。具體來說，美國領先，其年化報酬率達到9.72%，而日本和英國分別是6.69%和4.28%。

特別值得一提的是，這三國在過去十年的年化報酬表現都在5%以上，堪稱相當可觀。

假設投資者在過去的二十年裡採用定期定額的策略，每月

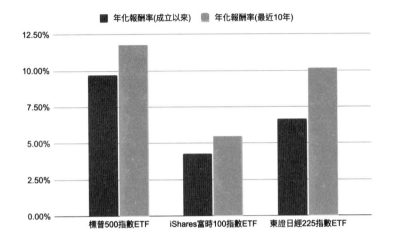

截至2023.09.30的報酬率表現

■ 年化報酬率(成立以來)　■ 年化報酬率(最近10年)

| | 標普500指數ETF | iShares富時100指數ETF | 東證日經225指數ETF |

投入 1 萬元，而不考慮任何外匯風險的話，他們會發現相較於傳統的定存，這些主要的 ETF 投資帶來更高的回報。

以具有悠久歷史的標普 500 指數 ETF 為例，其回報已經超越定存將近 732 萬元之多，這是相當令人驚訝的數字。

這些數據充分證明了一點：定期定額投資市場型 ETF 的策略不僅在台灣有其獨特的吸引力，全球的主要已開發國家，例如美國、日本和英國，其投資人都能從中受益。主要是因為這些國家都在不斷地推進科技創新，開創新的經濟增長點。因此，隨著全球投資風潮的持續升溫，定期定額 ETF 策略已經逐漸成為全球投資人的共同選擇，且深受其喜愛。

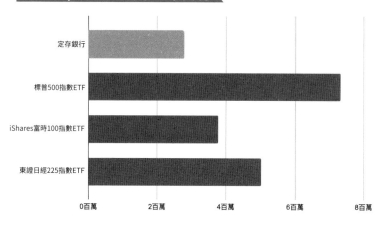

月投10,000元,定存20年表現

定存銀行	
標普500指數ETF	
iShares富時100指數ETF	
東證日經225指數ETF	

0百萬　2百萬　4百萬　6百萬　8百萬

現在就開始投資ETF

全台灣每四個人就有一個人買ETF

近幾年，台灣的投資趨勢似乎有了新的方向。不得不說，ETF 真的在這塊土地上紅了起來！看看 2023 年十月的數字，購買 ETF 的收益人數來到 680 萬人。**換算下來，以全台灣 2300 萬人來說，等於你身邊的每四個人中，就可能有一位是 ETF 的粉絲了。**

大家喜歡購買ETF，就能為更多投資人帶來兩個明顯的好處：

好處一　市場流動性提高

越多人選擇 ETF，意味著市場流動性得到了一個大大的推動。簡單來說，你就不必擔心手上的 ETF 賣不出去，或是突然心血來潮想買入時買不到。另外，流動性還可以幫忙縮小買賣的價差，讓市場價格更公平、更透明。

好處二　更容易取得資訊

　　當市場熱情倍增，各種關於 ETF 的小道消息和深度分析都會在網路社群、新聞或是專家的報告中出現。這可以說是初學者的福音，因為他們可以更輕鬆地了解到各款 ETF 的特色和優劣，讓投資決策更具依據。

　　除了申購的人數已經超過全台灣四分之一之外，台灣股民購買 ETF 的成交金額，從 2013 到 2022 直接成長了 10 倍。2003 年時，台灣的 ETF 市場總值才 396 億元，到了 2023 年五月已經飆升到 2.91 兆元！是的，你沒聽錯，「兆」元！而且，當我們看看所有的共同基金，這 2.91 兆元其實就佔了整體的52%。

　　從當初只有一家發行 ETF 的公司，到現在已經有十六家，

台灣ETF成交金額與資產規模

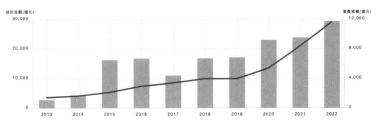

資料來源：臺灣證券交易所

甚至還有外商開始經營台灣的 ETF 市場。以上數據都顯示，台灣已有越來越多的人覺得 ETF 是他們理財或規畫退休的好選擇。

股神巴菲特也支持指數型基金

當我們談到投資，不得不提及傳奇人物巴菲特。**他一直都很支持指數型基金，如 ETF，並且極力推薦給那些沒有深厚金融背景的一般投資者。**

他在 2016 年的股東信中這麼說：

我總是被問到投資的建議，而我的答案經常是推薦 S&P 500 的指數基金。平常人大多數會接受這些建議，但富有的投資者或大型機構卻往往另有所選。他們更偏愛那些高價但結果常讓人失望的「專家」指引。

這些有錢人常常認為，既然他們付出更多，就應該得到更好的回報。但在投資領域，低費用、簡單的指數基金其實常常勝出。據我的估計，這些富人因為受到誤導的建議，過去十年可能已經損失超過 1,000 億美元了。

他還在信中大加讚賞指數基金的先驅約翰·伯格：

如果有天我們要為某個對美國投資者貢獻最大的人立像，那非約翰·伯格莫屬。約翰·伯格多年來一直告訴大家，投資

那些費用低、簡單明瞭的指數基金是最好的。很多人以前不相信他，還嘲笑他。但現在，大家都知道他是對的，而且他幫很多人賺了不少錢。我真的很感激他。

巴菲特的投資哲學跟定期定額 ETF 的精神，其實有很多共同之處：

1. **長期持有與定期定額的契合：**巴菲特是一位著名的長期投資者，他相信挑選價值並長期持有。定期定額的策略，特別是投資於 ETF，同樣強調了長期持有的重要性；不需過度分析市場動態，只需每月或每季定期投資。

2. **不試圖預測市場：**巴菲特認為試圖預測短期市場動向是無效的，這也是定期定額策略的一大特點：不論市場是牛是熊，都持續並定期地投資。

3. **低費用：**巴菲特多次建議小投資者投資於低費用指數基金，而許多 ETF 具有低管理費的特性，這使得它們成為一個非常好的投資選項。

巴菲特不僅是投資領域的巨人，其財富增長也證明了他投資哲學的力量。巴菲特的資產從一開始的少量資金，已經增長

到數百億美元，成為全球最富有的人之一。這種驚人的增長不是來自於短期的股市運氣，而是他那始終如一、經過深思熟慮的投資策略。

而這策略的核心是什麼？就是**長期、價值和低費用的投資。巴菲特的成功故事告訴我們：在投資這條路上，我們不需要追求那些看似高風險高報酬的策略，簡單而持續的方法往往會帶來更好的結果。**

所以，當我們考慮投資策略時，不妨參考巴菲特的建議，選擇那些低費用、長期、穩健的投資方法，例如 ETF。這種方式不需要預測市場的每一個起伏，也不需要持續地盯著股票報價。只要堅持、有耐心，長時間的累積會為我們帶來驚人的回報。

開始定期定額ETF最好的時機：現在

當談及投資，有一句老話說：「最好的時機是十年前，其次是現在。」這尤其適用於定期定額 ETF 的投資策略。定期定額 ETF 的美妙之處在於它所帶來的複利效應，這是一種時間與金錢之間的魔法。越早開始，你所獲得的複利回報就越大。想像一下，如果你在二十歲時就開始投資，即使每月只投入少量資金，到了四十或五十歲時，這筆資金可能已經成長為一筆驚

2007 年巴菲特與 Protégé Partners 的共同經理泰德‧塞德斯（Ted Seides）進行了一場著名的賭局。泰德是 Protégé Partners 的共同創辦人，該公司專門投資於避險基金，並在投資界擁有豐富的經驗和知識，他對避險基金業的績效和策略有深入的了解。

巴菲特長期以來都質疑避險基金高額的管理費是否真的值得，他認為大多數避險基金在長時間內不能超越標普 500 指數。於是，巴菲特提出了一個賭局：他打賭 50 萬美元，聲稱在接下來的十年中，低成本的標普 500 指數基金的表現會優於任何五個避險基金的綜合表現。這 50 萬美元將捐給贏家選擇的慈善機構。

泰德接受了挑戰，他選擇五個資金績效優越的基金組合，這五個基金組合涉及到超過 200 個避險基金。

十年後，到 2017 年，結果顯而易見：巴菲特的標普 500 指數基金平均每年的回報率為 8.5%，而 Protégé Partners 選擇的基金組合的平均年增長僅為 2.4%。

巴菲特的觀點得到了確認：儘管避險基金收取高昂的費用，但它們的績效卻經常無法超越普通的指數基金。巴菲特再次強調低成本指數基金的價值，並對避險基金收取的高額費用進行了批評。

賭局結束後，贏得的金錢捐給奧瑪哈女孩協會（Girls Inc. of Omaha），這是一家巴菲特多次支持的非營利組織。

人的數目，而且這還不包括未來可能的市場增長。

許多年輕人誤以為他們還有很多時間，可以等到更「適合」的時機再開始投資。但實際上，市場的不確定性和不可預

測性意味著，等待所謂的「完美時機」可能會讓你錯失許多寶貴的機會。定期定額的策略可以幫助投資者消除這種不確定性，因為它不是基於市場的時機，而是基於時間的積累。

此外，當你開始定期投資，你也培養了一種財務紀律。每個月固定投資一筆金錢，不僅讓資產持續增長，也讓你習慣了一種節省和智慧分配資源的生活方式。

因此，如果你還在猶豫是否開始定期定額 ETF，答案很簡單：最好的時機就是現在。不要讓過去的遺憾或未來的不確定性阻止你採取行動，及早開始，享受複利的力量，並在金融之路上邁向成功。

定期定額 ETF 不僅僅是一種投資策略，更是一種生活哲學。它教我們要持續、恆心且智慧地投資，並信任時間的力量。在金融風暴、經濟蕭條或市場的短暫波動中可以保持冷靜，因為我們相信長期的增長趨勢。這種策略對於那些希望自主其命、實現財務自由的人來說，是非常適合的。

透過定期定額 ETF，你可以在不受短期市場波動影響的情況下持續建立資產。隨著時間的過去，這些資產會因為複利效應而增長。在某一天，你可能會發現投資回報已經可以支援生活開銷，讓你真正實現財務自由並成為自己的老闆。

台灣第一支ETF「元大台灣50」

　　台灣的第一支 ETF 是「元大台灣 50」，簡稱「台灣 50」，代碼 0050，它在 2003 年 6 月 30 日上市，到現在規模已超過 3,000 億元，是境內基金的第一名。元大台灣 50 追蹤的是「台灣 50 指數」，該指數包括台灣股市市值最大、流動性最好的五十家上市公司。

投資策略與表現

　　自成立以來，0050 為投資者帶來了超過 550％的累積報酬。它的規模已超過 3,000 億元，成為境內基金規模之冠。在過去二十年中，台灣 50 指數的成分股市值從 2003 年 6 月的 5.8 兆增加到 2023 年 6 月的 36 兆；0050 的股價從成立時的 36.98 元增至 2023 年 5 月 20 日的 130.55 元，且期間分發了累積 46 元的現金股息。0050 在金融海嘯期間跌至 28.53 元，但在次年迅速反彈，增長了 73.9％。**換算年化報酬率約為 9.8%，約 7.4 年就能為投入本金翻倍。**

　　0050 的目標是追蹤台灣 50 指數，該指數包括台灣上市公司市值前 50 的企業。它採用透明而簡單的選股邏輯，**目標在將台股投資普及化**，是許多投資者初次參與台股或採用定期定額策略的首選。

元大台灣 50 除了規模跟成長率驚人之外，在績效表現上其實也很優異，近五年的股價報酬率不輸給美國、日本或英國的主要市場型 ETF。

　　看下頁的圖，藍色的粗線即為 0050，除了表現跟美國的第一檔 ETF SPY 不相上下之外，2020 到 2022 年間甚至位於領先的地位，顯見台灣股市近幾年在國際上仍是很有競爭力的市場。

報酬與台股大盤相當

　　0050 作為一檔 ETF，能夠複製追蹤指數的報酬是很重要的目標。**而它所追蹤的台灣 50 指數，其成分股規則就是台灣市**

0050趨勢圖

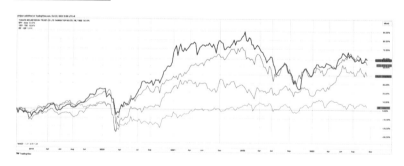

資料來源：TradingView，資料日期：2023.10.22

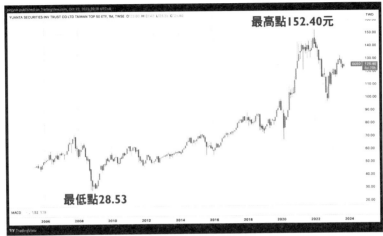

最高點152.40元

最低點28.53

資料來源：TradingView

0050 vs. 台灣加權指數報酬

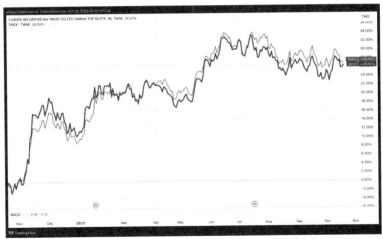

資料來源：TradingView

值前 50 大的公司，因此 0050 的成分股就會依照其追蹤指數的成分股進行持有。

因為追蹤的是台灣 50 指數，其特性就是會包含台股大盤中最具代表性的五十檔公司，也因此 0050 的報酬績效跟台股大盤呈現幾乎一樣的走勢。因為大盤指數漲跌是由公司市值的加權計算，0050 的成分股又是大盤中市值最大家的 50 間公司，因此報酬會是同步的。

0050前十大持股

（資料日期：2023.10.22）

2330 台積電	47.05%
2317 鴻海	4.35%
2454 聯發科	4.34%
2308 台達電	2.35%
2303 聯電	2.01%
2382 廣達	1.92%
2881 富邦金	1.66%
2891 中信金	1.58%
2412 中華電	1.55%
2886 兆豐金	1.49%

名稱	元大台灣卓越50證券投資信託基金
簡稱	元大台灣50
代號	0050
持有成分股數量	50
發行日期	2003/06/30
追蹤指數	台灣50指數
配息頻率	每半年
保管費	0.035%
經理費	0.32%
發行投信	元大投信

ETF的核心靈魂是追蹤指數

　　ETF 核心概念是一定有追蹤指數，我們來深入了解，到底什麼是追蹤指數。

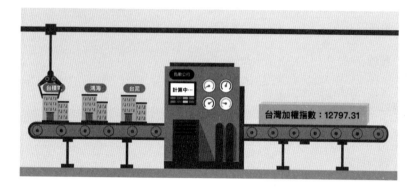

　　加權指數是用指數看股市表現好或壞。這個指數的公式主要概念是「市值加權計算」，其實概念很簡單，不要被複雜的名稱嚇到了。

加權指數計算範例

　　假設有三家公司 A、B 和 C，

公司市值如下：

公司 A：股價 10 元 ×1,000 股 = 10,000 元

公司 B：股價 20 元 ×1,000 股 = 20,000 元

公司 C：股價 5 元 ×800 股 = 4,000 元

市值：市值就是一家公司的股票價格乘以它發行出去的股票總數。就像你有十個蘋果，每個蘋果賣 50 元，那麼你所有的蘋果總值就是 500 元。

加權：加權這個詞的意思是，不是每家公司在指數中的重要性都一樣。大公司因為市值大，所以在指數裡的「權重」也大。想像一下，你和朋友一起出錢，但你帶了比朋友還多的錢，所以你在分錢的時候「說的話」就比較重。

計算：計算台灣加權指數，你要把所有上市公司的市值加起來，然後根據它們的市值大小給它們一個「權重」。這就好像把每家公司帶來的錢放在一起，然後根據每家公司帶來的錢的多少來決定它在整體中的比重。

計算總市值：

10,000 (A) ＋ 20,000 (B) ＋ 4,000 (C) ＝ 34,000 元

計算公司的權重：

公司 A 的權重： 10,000 / 34,000 ＝ 29.41%

公司 B 的權重： 20,000 / 34,000 ＝ 58.82%

公司 C 的權重： 4,000 / 34,000 ＝ 11.76%

計算加權指數：

假設基期為 1000 點

公司 A 的貢獻：1000 點 ×29.41% = 294.1 點

公司 B 的貢獻：1000 點 ×58.82% = 588.2 點

公司 C 的貢獻：1000 點 ×11.76% = 117.6 點

合計：294.1 + 588.2 + 117.6 = 999.9 點

基於上述的資料和計算，這個簡化版的「加權指數」為 999.9 點。

最後，指數的數字其實就是一個反映股市整體走勢的「分數」。當你看到這個「分數」上升，代表股市整體表現好；當你看到它下降，代表股市整體表現不好。

股市上漲 = 今天台股指數高於昨天

股市下跌 = 今天台股指數低於昨天

不同國家股市有其代表性的指數

- S&P 500 指數→美國股市
- 富時 100 指數→英國股市
- 上證指數→大陸股市

指數會隨著股票交易而隨時計算變動，各國交易所會負責

揭露。你我熟知的主要市場指數，看盤軟體都能輕易查找。

指數除了能看出股市的表現外，也能用來評斷個股的表現。**假設，今年股票 A 的漲幅是 120%，而指數的漲幅為 60%，我們可以說股票 A 的表現打敗大盤或優於大盤。**

股票漲幅 > 股市指數的漲幅，代表股票表現比市場上大部分股票好。

指數是怎麼來的呢？

指數由發行指數的公司編制，透過精心設計的公式幫我

台股加權指數 vs. 標準普爾 500 指數

	台股加權指數 Taiwan Capitalization Weighted Stock Index	標準普爾500指數 Standard & Poor's 500
指數代號	TAIEX	SPX
涵蓋範圍	台灣所有上市公司	委員會選出最具代表性的500間美國公司
計算公式	市值加權平均計算	市值加權平均計算
編制單位	台灣證券交易所	標普道瓊指數有限公司

們簡化算出最後的數字,讓我們能一眼了解目前股市的整體狀況。就像一個數學老師在準備考試題目的時候,會包含不同單元的重點題目來反映出你的能力,指數公司會根據不同的需求,設計出足具代表性的指數公式。

　　一般投資人不必完全理解公式的計算法則,只要理解指數所代表的市場就行了。除此之外,指數也能追蹤特定領域的表現,上述介紹都屬於市場指數,是指某一個市場的整體表現狀況。除了市場指數之外,也有為特定族群設計出的指數。

指數名稱	標普高盛原油ER指數	美國高收益特別股指數
敘述	反映原油價格	反映美國市值高於一億美元特別股

　　ETF 利用買入這些指數納入的成分商品來複製出指數的表現,**道理如同你把台灣股市裡的股票都買下來,資產成長幅度就跟台灣股市一模一樣了。**

　　像是元大標普美國高息特別股 ETF,追蹤的就是美國高收益特別股指數。從下方兩張圖可看出,ETF 淨值表現與指數的走勢幾乎一樣,就是因為元大 ETF 買入指數所包含成分股,所以複製了指數的表現。

元大標普美國高息特別股ETF成立以來基金淨值表現

（單位：新台幣。成立日：2019.04.25）

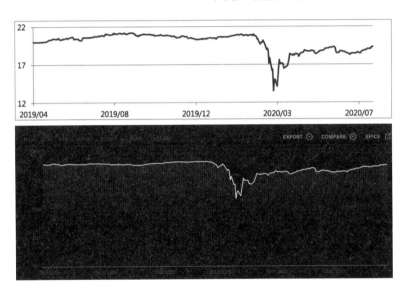

ETF是一種被動投資

　　熱門理財書《零基礎的佛系理財術》的作者，在 2008 年金
融海嘯那年把賠錢的股票通通換成 0050ETF，每年從台股賺到
15% 的報酬。「投資理財，就該用佛系的態度。」他說。佛系的
態度其實就是懶人投資，而 ETF 就是當今市面上最懶最不用腦
的投資商品，沒有之一！ ETF 是怎麼辦到佛系的態度無腦投資
的呢？透過追蹤指數！

ETF 的發行公司只要透過追蹤指數所公布的成分股買入基金，基金經理人不用特別主動去研究要買哪一檔股票，而我們小股民透過買入 ETF 就能做到被動投資了。

　　因為是依據追蹤指數的規則買賣成分股，ETF 又是一種規則一開始就定好的基金，不管誰來管理它的成分股都一樣。因為選股邏輯都一樣，因此不用動腦、很佛系，這就是一種被動投資。

ETF透過追蹤指數達成被動投資

　　想像一下你和朋友正在討論音樂，朋友每天都在尋找那些新的、冷門的歌曲或歌手，試圖找到下一首大熱門，這就像在股市中選擇單一的股票或嘗試預測哪一家公司將是下一個冠軍。而你則有 Spotify、Apple Music 或 KKBOX 的月費訂閱，每次打開都可以直接聽到「熱門 50」，這基本上就是當前最火紅的歌曲集合。這不僅節省時間，還確保你能聽到目前最受歡迎的歌曲。

　　這裡的「熱門 50」就像股市中的指數，比如說 S&P 500 或台灣 50 指數，而你的訂閱方式就像購買一個 ETF。透過購買 ETF，你實際上是「追蹤」那個指數，簡單地說，就是投資在那個指數裡的所有股票。

為什麼這是被動投資呢？因為你不需要每天都在猜測哪首歌會紅或哪家公司會成功。你只需「訂閱」，然後坐著享受音樂或觀察你的投資成果。不用每天都頭痛該選什麼歌或股票，讓專家（或者說市場本身）省時又有效地幫你做這些選擇。

這就是為什麼 ETF 透過追蹤指數可以幫助投資者達成被動投資。你讓自己跟隨市場的大流，而不是嘗試在無數的選擇中尋找某一次的爆紅。

ETF 透過追蹤指數達成被動投資，不用動腦選股的概念主要透過以下六點：

1. **指數追蹤**：ETF 的主要目的是要追蹤某一特定指數的表現。這意味著，當你購買了一個追蹤台灣 50 的 ETF，如 0050，實際上是在購買該指數中所有公司。因此，ETF 的表現會非常接近其追蹤的指數。

2. **自動化資產管理**：當指數的成分股有所調整時，ETF 也會自動調整其投資組合，以反映這些變化。因此，投資者不需要手動買賣或選擇股票。

3. **廣泛分散化**：由於 ETF 通常投資於許多不同的資產，因此能夠提供廣泛的分散化，減少了單一資產的風險。

4. 減少人為干預：傳統的主動管理基金由基金經理負責選擇投資，這可能會帶來人為的錯誤和情感的干預。而 ETF 作為一種被動管理的投資工具，減少了這種風險。

5. 透明性：ETF 的組成通常是公開且透明的，這讓投資者可以清楚知道他們的錢投資在哪裡，並能輕鬆追蹤其表現。

6. 成本效益：相對於主動管理的基金，ETF 的管理費用通常較低，因為它們不需要支付高昂的研究和分析費用。

主動投資 vs. 被動投資

　　主動投資就像是一位五星級大廚，他會根據每日市場的食材，甚至每小時的變化調整食譜，試圖製作出一道超越其他大廚的佳餚。這需要大量的技巧、經驗、直覺和持續的努力，但風險也更高──如果某天他的直覺出了問題或選擇錯誤的食材，結果可能是一場料理災難。

　　被動投資則像是使用一個經過時間考驗、受到大眾喜愛的經典食譜來烹飪。你只需按照食譜的指示進行，不需做出太多變動或調整，且大多數時候都可以得到一道可口的菜餚。它可

能不會是最令人驚豔的料理，但也很少出錯，並省去了大量的猜測和不確定性。

簡而言之，**主動投資是試圖打敗市場，常常需要高風險和高回報；被動投資則是跟隨市場，尋求穩定和長期的成果。**

ETF 就是屬於透過買入追蹤指數（如上的經典食譜）成分股，達成被動投資的。

ETF的價格怎麼決定？

市價＝市場上買賣雙方成交價格

淨值＝ ETF 的資產價格（改買賣多少的參考指標）

與股票相似，ETF 在證券市場中買賣，其價格主要是由市場上的買賣雙方決定。這意味著，當有更多的投資者想購買某個 ETF，其價格可能會上升；相反地，當賣家增加，價格可能會下跌。

但 ETF 有一個跟股票很大的不同點，是股票真正的購買價值難以估計，可是 ETF 卻有一個很簡單的評判標準，用來確認是不是買太貴或是賣太便宜。

那就是 ETF 的淨值，淨值是 ETF 的價格指南針。

淨值簡稱 NAV（Net Asset Value），是一個表示基金或 ETF

資產價值的指標。計算淨值的基本公式相對簡單，以下是其基礎版本：

$$淨值 = \frac{ETF 的總資產 - ETF 的相關管理費用}{ETF 的流通單位數}$$

這個淨值的數值會由發行的投信公司計算並公布於他們的網站上，當開盤時更新的速度可以快到每十五秒就計算一次，這樣的資訊又稱為即時淨值。

ETF 就像是一個購物籃，裡面裝滿了各種蔬菜（成分股），每一種蔬菜都有其市場價格。當你將這些蔬菜的價格加總起來，便得到了這個購物籃的總價值，就是 ETF 的即時淨值。而當菜攤的老闆跟你喊價說這一個購物籃多少錢的時候，你就可以透過這個籃子裡面蔬菜的總價格去判斷，老闆有沒有喊高或喊低。

從上述的蔬菜舉例中，不難想像菜販賣給你的一整籃蔬菜的價格可能會跟實際這一籃蔬菜的真正價值有所差異，主要取決於你們雙方協議之後的價格。因此，同樣套到 ETF 上的話，ETF 在市場上的實際交易價格（市價）可能與其即時淨值有所不同。

當市價低於淨值時，我們稱其為「折價」；相反地，當市價高於淨值時，則稱之為「溢價」。

市值 < 淨值 => 折價

市值 > 淨值 => 溢價

這些折溢價的情況經常因市場的供需、流動性或其他情況而發生。識別折溢價可以幫助投資者決定是購買、持有還是出售 ETF。

　　當我們作為投資者選擇 ETF 時，必須要去關注折溢價的幅度，過大的折溢價可能意味著某些市場失調或其他因素的影響。**為了避免過高的購入成本或潛在的損失，我們應該優先選擇折溢價相對較小的 ETF 進行投資。**

主動投資 vs. 被動投資

	主動投資	被動投資
策略	依據研究、判斷和預測選擇要投資的股票	依照某個指數購買，如S&P 500
目標	打敗市場基準或某個特定的指數	複製指數的報酬
成本	較高（因為頻繁交易和研究）	較低（交易頻率較低且少研究）
透過方式	自行購買股票	投資ETF
風險	可能高於或低於市場基準	通常與市場基準相似

國內成分證券ETF

隔 15 秒自動更新（元，交易單位）

【國內成分證券ETF】-新台幣交易

ETF代號/名稱	已發行受益權單位數 (註1)	與前日已發行受益單位差異數	成交價	投信或總代理人預估淨值 (註2)	預估折溢價幅度 (註3)	前一營業日單位淨值 (註4)	投信公司網頁連結	資料時間
0050 / 元大台灣50	2,321,500,000	0	123.85	123.72	0.11%	125.69	投信網頁	2023/10/23-13:45:00
0051 / 元大中型100	17,000,000	0	67.30	66.95	0.52%	67.61	投信網頁	2023/10/23-13:45:00
0052 / 富邦科技	50,500,000	0	115.30	115.09	0.18%	117.34	投信網頁	2023/10/23-17:02:08
0053 / 元大電子	4,988,000	0	66.45	66.40	0.08%	67.54	投信網頁	2023/10/23-13:45:00
0055 / 元大MSCI金融	73,154,000	0	23.07	23.09	-0.09%	23.30	投信網頁	2023/10/23-13:45:00
0056 / 元大高股息	6,886,534,000	18,000,000	33.08	32.93	0.46%	33.29	投信網頁	2023/10/23-13:45:00
0057 / 富邦摩台	1,527,000	0	90.80	90.76	0.04%	92.21	投信網頁	2023/10/23-17:02:08
006203 / 元大MSCI台灣	10,218,000	0	60.05	60.12	-0.12%	61.09	投信網頁	2023/10/23-13:45:00
006204 / 永豐臺灣加權	1,500,000	0	81.45	81.20	0.31%	82.18	投信網頁	2023/10/23-13:59:46
006208 / 富邦台50	850,540,000	500,000	71.55	71.36	0.27%	72.49	投信網頁	2023/10/23-17:02:08
00631L / 元大台灣50正2	85,084,000	3,000,000	126.00	125.87	0.10%	128.44	投信網頁	2023/10/23-13:45:00

資料來源：台灣證券交易所 ETF 發行單位變動及淨值揭露專區

市價與淨值

☆ 0050 元大台灣50							
市價	昨收	10/19 124.85	最新	125.40	▲ 0.55 (0.44%)	折溢價 **-0.30** (-0.24%)	即時追蹤差距 NTD **0.00‰**
淨值	昨收	10/19 125.16	最新	125.70	▲ 0.54 (0.43%)		

☆ 0051 元大中型100							
市價	昨收	10/19 68.60	最新	68.10	▼ 0.50 (-0.73%)	折溢價 **0.50** (0.74%)	即時追蹤差距 NTD **0.00‰**
淨值	昨收	10/19 68.18	最新	67.60	▼ 0.58 (-0.85%)		

☆ 0053 元大電子							
市價	昨收	10/19 67.20	最新	67.35	▲ 0.15 (0.22%)	折溢價 **-0.32** (-0.47%)	即時追蹤差距 NTD **0.01‰**
淨值	昨收	10/19 67.24	最新	67.67	▲ 0.43 (0.64%)		

資料來源：元大投信官網

　　這代表你買到的 ETF 價格，跟它目前實際的價值沒有相差太大。

　　通常折溢價會跟淨值由投信公司官網一起揭露，而台灣證券交易所也有提供全部 ETF 的折溢價清單，可以快速看到自己投資的 ETF 目前的折溢價狀況。

投資ETF是怎麼賺錢的？

投資 ETF 跟買賣股票一樣，有兩種賺錢的來源：**ETF 價格上漲的價差、發放的現金股利。**

情況一　ETF價格上漲

ETF 跟股票一樣可以透過券商的下單 App 進行購買。假設你在 2016 年買入一張 60 元的 0050 ETF，一路抱到 2023 漲到 123.85 的時候賣出，你會賺到以下金額：

一張 ETF 賺到到的價差：63.85×1000

（一張 ETF 是 1000 股）＝ 63,850 元

交易成本：

買入時

手續費（0.1425%）

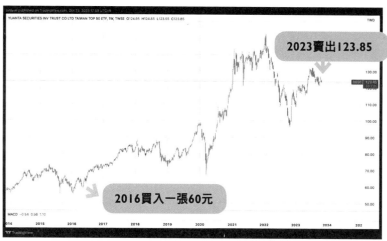

資料來源：TradingView

＝ 60（買入價格）×0.1425×1,000（股）

＝ 85.5 元

賣出時

手續費（0.1425 ％）＋賣出時交易稅（0.1%）

＝ 123.85（賣出價格）×0.2425×1,000（股）

＝ 300 元

實際賺到的金額：

63,850 － 85.5 － 300 ＝ 63,464 元

ETF 跟股票一樣，一張是 1,000 股，所以在計算金額的時候如果你是買一張，記得要乘上 1,000。另外買進跟賣出時都會有手續費，這部分由券商收取，最高是 0.1425%，不同券商會給不同的折數，通常一定會比 0.1425% 還低。

最後賣出時還要扣除交易稅，這個交易稅只有 0.1%，是股票的三分之一，算是投資 ETF 的其中一個優勢。

在討論定期定額市場型 ETF 這個投資方式時，通常指的**是從 ETF 價格上漲賺到的價差**。例如經過二十年存了 100 張 ETF，如果現在價格上漲兩倍，你把帳戶中的 ETF 通通賣掉，最後拿到的現金大約就是原本投入成本的兩倍。

情況二　ETF發出現金股利

ETF 跟股票一樣，可以發出現金股利，像是 0050 每半年就會決定要不要發現金股利。

2023 元大台灣50ETF所發放的現金股利

除息日	現金股利	每張發放
2023/01/30	1.8元	1,800元
2023/07/18	3.2元	3,200元

現金股利的單位通常是每股多少錢，因此如果現金股利是 1.8 元，那就是每張發放 1,800 元。有發出現金股利，代表沒有賣 ETF 也能拿到錢，這筆錢會匯到你的戶頭去。誰有資格拿到現金股利呢？

只有在除息日前一天，擁有這檔 ETF 的人才能拿到現金股利。

像是 0050 宣布發放 3.2 元的現金股利，除息日是 2023 年 7 月 18 日。如果我們想要拿到 3.2 元的現金股利，就必須在除息日的前一天 2023 年 7 月 17 日擁有這一檔 ETF，才有資格領取。

除息日到底是什麼特別的日子？

它是一個確認到底哪些人擁有這些 ETF 的一個基準日期，另一方面，則是要在這一天開盤的時候調整開盤基準價，反映

出發完股利後這檔 ETF 應該是多少錢。

像是 0050 除息日前一天 7 月 17 日的收盤價是 132 元，那隔天開盤的基準價就會是開盤基準價：132 - 3.2 = 128.8

這個開盤基準價會影響到當天的開盤價，通常開盤價會在此競價基準附近。

實際上，0050 在 7 月 18 日前一天的收盤價是 132 元，隔天開盤直接掉到 129.85 元，就是因為開盤競價基準扣除了發放現金股利的部分，因此你會看到前後兩天有一個明顯的股價缺口。

或許你有疑惑，為什麼發現金股利，反而股價下跌了？

0050 除息前後股價

資料來源：TradingView

這並不奇怪，因為 ETF 把現金股利發出來，代表它的總資產減少了，因此計算這檔 ETF 的價格就應該考慮把它發出的股利價值給扣除掉。好比你現在要投資一家雞排店，價值 100 萬，結果對方說我昨天從雞排店的帳戶轉了 20 萬給你，現在這家雞排店對你來說應該價值 80 萬，因為有 20 萬已經匯給你了。

所以許多投資新手常常會覺得拿到現金股利就是賺錢，其實沒有那麼單純！

ETF 發放現金股利之後，還必須觀察填息天數，填息越快，代表你的 ETF 市場價值越快回升！

尚未填息示意

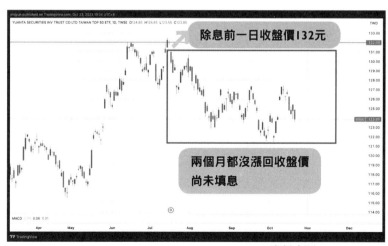

資料來源：TradingView

填息天數＝股價漲回來的天數

延續上面的例子，你可以看到 0050 在 2023 年 7 月 18 日除息日之後，截至今日 2023 年 10 月 23 日一直都沒有漲回除息日前一天的收盤價，代表它一直沒有填息。

因此，如果是除息日前一天買入的投資人，雖然拿到的 3.2 元的現金股利，但是從那一天起，他的股價就從來沒有漲回到他買入的價格。

除息之後都沒有填息，其實就是領了股利卻賠了股價。

填息成功的案例

一檔 ETF 說要發放現金股利，最好的情況是市場很快就填息成功，像是 0050 前一次發放的時候（2023 年 1 月 30 日），那次的除息就只花了一天填息！

從下圖我們可以看到，在除息日當天，收盤價就已經超過除息日前一天的收盤價，代表有填息成功。

所以說，除息日前一天才買入的人，不僅賺到現金股利，他的股價也沒有因此賠到。

想查看填息相關訊息的話，建議可以到玩股網，有非常完整的資訊，包含除息日、填息天數等。

填息成功示意

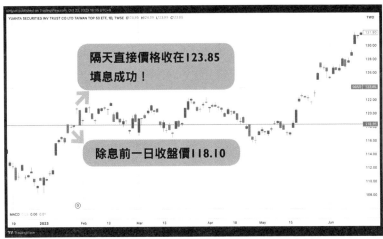

隔天直接價格收在123.85
填息成功！

除息前一日收盤價118.10

資料來源：TradingView

玩股網填息相關資料

除權息年度	現金股利 (元)					股票股利 (股)				股利合計
	股利	除息日	發放日	除息前股價	填息天數	股利	除權日	除權前股價	填權天數	
2023	1.90	2023/07/18	2023/08/11	132	--	--	--	--	--	1.90
	2.60	2023/01/30	2023/03/07	118.1	2	--	--	--	--	2.60
2022	1.80	2022/07/18	2022/08/19	115.5	4	--	--	--	--	1.80
	3.20	2022/01/21	2022/03/04	149.1	4	--	--	--	--	3.20
2021	0.35	2021/07/21	2021/08/24	137.2	2	--	--	--	--	0.35
	3.05	2021/01/22	2021/03/09	143	27	--	--	--	--	3.05
2020	0.70	2020/07/21	2020/08/24	97.05	2	--	--	--	--	0.70
	2.90	2020/01/31	2020/03/06	92.15	167	--	--	--	--	2.90
	0.70	2019/07/19	2019/08/22	82.7	4	--	--	--	--	

資料來源：玩股網

定期定額市場型ETF注重的是價差

在討論定期定額市場型 ETF 這個投資方式時，通常指的是從 ETF 價格上漲賺到的價差。**一檔市場型 ETF 能不能夠完整複製出長期股市趨勢向上的報酬，這才是我們定期定額該關注的。**

例如經過二十年存了一百張 ETF，如果現在價格上漲兩倍，你把帳戶中的 ETF 通通賣掉，最後拿到的現金大約就是原本投入成本的兩倍。

現金股利的部分比較少討論到，是因為現金股利發放不代表一定會賺錢，必須要填息才有，另外就是市場型 ETF 並不保證每一年都會發現金股利。相對於複製追蹤指數，現金股利反而是不好評估的。除非定期定額的是高股息類型的 ETF，才會特別去計算現金股利發放的頻率跟殖利率。但不管是市場型還是高股息型的 ETF，就算有發現金股利也不代表有賺錢，還要看它填息的能力。

學習成為自己的老闆，
利用ETF賺取被動收入

成為自己的老闆第一步：
選擇適合自己的ETF

　　台灣現在上市的 ETF 已經超過 150 檔，從 2013 年的十一檔成長 14 倍到 2023 年的 155 檔。種類也從單純追蹤市場績效的 ETF，演化到有高股息、槓桿型、債券型、期貨型等不同類型。

　　面對各式各樣的 ETF，投資人現在面臨的問題轉變為「我該選哪一檔」，答案很簡單，**年輕人想要長期定期定額 ETF，優先選擇追蹤全市場的 ETF；退休族群或想要領零用錢需求的人，可以考慮高股息型的 ETF。**

　　在先前的章節中，我們已詳細介紹過 ETF 是在證券市場上交易的指數型基金。它的出現主要是為了解決人們在長期選股中會面對的挑戰。換句話說，如果無法持續打敗市場，不妨選擇跟市場報酬一樣就好，享受社會經濟持續成長的利益。基於這一核心思想，**定期定額 ETF 的投資者首要考慮的是選擇能夠複製市場報酬的 ETF，然後根據自己的財務狀況調整投資金額。**

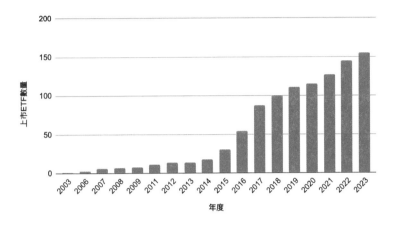

台灣ETF上市總數量

對於某些特定的投資者,例如沒有固定薪資收入的退休族群,可能覺得長期持有且不輕易賣出的資產會帶來壓力。因此想要選擇能每年提供現金股利的投資,讓自己投資的比較自在。在這情境下,高股息的 ETF 是一個不錯的選擇。

總結來說,若要考慮長期定期定額的 ETF 策略,主要關注全市場和高股息這兩種 ETF 即可。

定期定額市場型ETF,提早退休

定期定額市場型 ETF 的策略,除了受到長期數據強力證明的良好報酬外(以台灣和美國的平均來看,約有 7% 的報酬

率），這也是一種非常適合投資新手首次嘗試的方法。

　　對於投資新手來說，選擇定期定額市場型 ETF 具有以下的優勢：

1. **夠簡單**：市場型 ETFs 追蹤整體市場或主要指數，例如 S&P 500 或台灣 50 指數。對於新手來說，理解它們的組成和目標相對簡單。

2. **風險夠分散**：市場型 ETF 常投資在許多不同產業的股票中，這意味著風險分散。比起追蹤單一產業或原物料的 ETF，市場型 ETF 可以降低單一公司失敗所帶來的風險。

3. **長期績效**：多數研究顯示，長期來看大部分的積極管理型基金無法持續打敗市場指數。因此，選擇追蹤整體市場的 ETF 可以是一個有利的策略。

4. **好適應**：新手在剛開始時可能還不太確定自己的投資策略或風險承受能力，定期定額市場型 ETF 提供了一個很好的起點，從這個過程中可以學會看股價的漲跌、理解保持耐心的重要性，未來還可以根據自己的需求和學習成果進行調整。

如何選擇市場型ETF？

優先選擇已開發國家

選擇市場型 ETF 時，優先選擇已開發國家市場的 ETF，如台灣、美國、日本等。

選擇市場型 ETF 應該選報酬長期穩定且風險較低的地方。已開發國家的金融市場給了我們這樣的機會，它們的監管嚴格、公司治理健全，再加上資訊透明度高，這讓投資者能夠更加放心地投入資金。而這些國家的經濟基礎和增長動能也更堅實，意味著長遠看下去，投資這些國家的市場型 ETF 會帶給我們持續、穩定的回報。

當我們談及追蹤已開發國家的市場型 ETF，像是台灣、美國和日本，這些國家都有其獨特的優勢，對於投資者來說具有吸引力。以下是這三個國家的特點及其相應的好處。

ETF的追蹤指數要夠大夠分散

投資的市場型 ETF，它的追蹤指數必須要涵蓋這個國家市場上最大的幾間上市公司，而且要橫跨不同的產業。

首先，涵蓋國家最大的幾間公司確保了投資的資金被投入到該國經濟中最具影響力的企業，這些公司往往有強大的競爭

優勢、良好的經營紀錄和健全的財務結構，因此具有較低的倒閉風險。

其次，橫跨不同產業的投資組合能夠抵消單一產業的經濟循環影響。當某一產業面臨衰退時，其他產業可能正在繁榮，這樣的多元化策略有助於平衡投資組合的整體表現，減少因某一產業不景氣而導致的巨大損失。

最後，多元化還能提供更多的投資機會。隨著市場環境和技術的變化，不同的產業或會在不同的時期展現出增長潛力，投資於橫跨各產業的市場型 ETF 允許投資者抓住這些機會，獲取更加全面的報酬。

對於台灣、日本和美國，以下是這三個國家的主要追蹤指數，這些指數都涵蓋了各自國家的主要上市公司，且橫跨了不同的產業。

台灣：

「台灣加權股價指數（TAIEX）」是台灣的主要指數，涵蓋台灣股票交易所上市的所有公司。「台灣 50 指數」涵蓋了台灣股票市值最大的五十家公司。

日本：

「日經 225 指數（Nikkei 225）」五十是日本的代表性指

台灣、美國、日本ETF比較

台灣	美國	日本
1. **科技龍頭**：台灣在全球半導體產業中佔有重要地位，許多頂尖的半導體製造企業均位於此，如台積電。	1. **多元化的市場**：美國擁有世界上最大和最多元化的股票市場，包括眾多世界級的企業，如蘋果、亞馬遜和谷歌。	1. **先進製造業**：日本在汽車、電子和精密機械領域都有強大的製造實力，如豐田和索尼。
2. **穩定的經濟成長**：台灣具有穩定的經濟成長和低失業率。	2. **創新驅動**：美國是全球創新的據點，特別是在科技、醫藥和生物技術領域。	2. **長期的經濟穩定**：儘管長期低增長，但日本仍維持高度的經濟穩定和低失業率。
3. **卓越的企業治理**：許多台灣上市公司有高透明度和健全的公司治理。	3. **優質的監管環境**：美國的金融市場受到嚴格的監管，提供了高度的投資透明度。	3. **強健的公司治理**：日本企業具有深厚的企業文化和強健的公司治理結構。

數，涵蓋了東京證券交易所上市的二百二十五家選定公司。「東證股價指數（TOPIX）」包括東京證券交易所的所有上市公司。

美國：

「S&P 500」涵蓋了美國最大的五百家上市公司，廣泛地

反映了美國大型企業的經濟活動。

「道瓊工業指數（DJIA）」雖然只涵蓋30家大型企業，但這些企業是各產業的領頭羊，因此DJIA也被認為是美國經濟的一個重要指標。「納斯達克指數（NASDAQ Composite）」涵蓋了納斯達克交易所上市的所有公司，尤其偏重於科技公司。

符合的5檔市場型ETF

第一檔　元大台灣50

元大台灣50是台灣目前規模最大的ETF，以台灣前五十大市值上市公司為主要投資目標。**具有優秀的長期報酬率，也是投資於台灣最具代表性的公司，也因為流動性高的性質，所以容易買賣。**自2003年由元大投信發行，已有超過二十年的歷史，是台灣成立最早的ETF。由於其交易人數眾多和報酬表現具競爭力，仍然保持著台灣的市場領導地位。

0050累積報酬率

3年	5年	成立以來
31.40%	67.38%	542.40%

資料日期：2023/09　資料來源：元大投信官網

0050 的資產規模已達新台幣 2,872 億，受益人數高達 685,981 人。特色為投資於台灣最具代表性的公司，結合穩定的優秀報酬和低成本，是沒有專業金融背景的投資族群的理想投資起點。

　　每半年配息，過去十年配息穩定，但目標主要還是追求 ETF 本身股價的上升。

　　其持股產業中，電子工業投資比重為 73.88%，顯示電子工業在台灣股市的重要性。接下來是金融保險的 14.62% 和塑膠工業的 3.18%。而最大持股為台積電，佔比 45.26%，使得 0050 與台積電股價高度連動。

　　唯獨，0050 的股價目前已突破百元大關（2023/10/24 123.95 元），在 ETF 中算是較高的價格範疇。新手或預算有限的投資者可能會覺得入場門檻較高。

0050 前五大產業持股

產業	持股比例
電子工業	73.88%
金融保險	14.62%
塑膠工業	3.18%
食品工業	1.21%
鋼鐵工業	1.12%

資料日期 2023/09　資料來源：元大投信官網

第二檔　富邦台50，親民版的0050

　　投資 ETF 在近年來受到極大的矚目，即使是投資新手也常常會推薦「直接買入 0050 且長期持有」作為投資策略。但是，真正要入場時，許多投資者還是猶豫不前，主要的疑慮就是 0050 的股價過於昂貴。不過，假如市場上存在一支與 0050 組成相當接近，但投資門檻只需 0050 的一半的 ETF，那豈不是更具吸引力？

　　這就是被譽為「親民版 0050」的富邦台 50，**它所追蹤的指數也是「台灣 50 指數」，跟 0050 的追蹤指數是同一個，價格**

006208 與 0050 報酬走勢

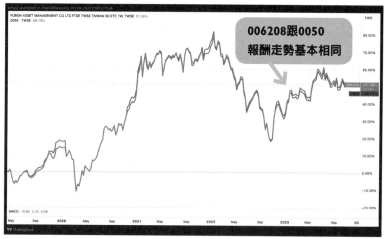

資料來源TradingView

卻只需 0050 的 6 折，一樣具有優越的投資報酬，並有台灣市場的代表性。

富邦台 50（006208）是在 0050 成立約九年四個月後誕生的，確切的成立日期是 2012 年 6 月 22 日。由於 006208 和 0050 追蹤的指數相同，但 006208 具有更為親民的價格，2023/10/24 的價格為 71.60 元，而 0050 的價格則為 123.95 元，較好入手的價格使得想定期定額 ETF 以獲得台灣市場報酬的投資者，視 006208 為更具吸引力的選擇。

更值得一提的是，從資料中可見，006208 在三年和五年的累積報酬率甚至略高於 0050。雖然兩者都追蹤同一指數，但因交易成本、管理費等因素，由不同公司發行的 ETF 仍可能呈現不同的報酬表現。

總結，**對於希望定期投資台灣市場的 ETF 但資金有限的投資者，006208 確實是一款值得深入探討的優質選項。**

006208 vs. 0050 累積報酬率

（資料日期：2023.09）

	3年	5年	成立以來
006208	32.20%	68.80%	248.39%
0050	31.40%	67.38%	542.40%

資料來源：富邦投信官網、元大投信官網

第三檔　元大S&P500

　　元大 S&P 500（00646）讓你在台灣也能擁有美國股市，輕鬆複製美國股市報酬，同樣也是多元化的投資組合並為投資科技巨擘！這是一檔成立於 2005 年 12 月 14 日追蹤標普 500 指數的 ETF。截至目前，它擁有約 169 億元的資產規模，並有 25,938 位受益人。儘管其規模相對於其他像是 0050 的 ETF 較小，但其影響力與投資價值不容小覷。

00646累積報酬率

（資料日期：2023.09）

3年	5年	成立以來
44.09%	60.54%	115.20%

資料來源：元大投信官網

　　當我們談及全球股票市場的重量級指數，美國的標普 500 指數絕對位列前茅。它不僅代表了美國股市的脈動，更是世界經濟健康狀態的重要指標。而對於投資者來說，追蹤這樣的指數是極具吸引力的。元大 S&P 500 ETF 的主要目標正是模仿這一重要指數的表現。

　　這檔 ETF 涵蓋了美國市場上最具代表性的前 500 大企業，包含各行各業的龍頭企業。從科技界的巨擘如蘋果和微軟，到

消費品市場的巨頭如可口可樂和寶潔，再到金融業的大牌如摩根大通和高盛等，透過投資元大 S&P 500 ETF，投資者等同於間接地擁有了這些全球頂尖企業的部分股權。

在費用方面，管理費是每位投資者在選擇 ETF 時都應該重視的一個因素。元大 S&P 500（00646）的內扣費用為 0.51%，而相較之下，0050 的內扣費用為 0.35%。雖然 00646 的管理費率較高，但考慮到其追蹤的是國際指數以及所提供的多元投資組合，許多投資者可能認為這是值得的。

然而，**高一些的管理費意味著投資回報可能受到某些程度的侵蝕，這是值得注意和考慮的問題。**

00646 前五大產業持股

（資料日期：2023.09）

產業	持股比例
資訊科技	26.58%
醫療保健	12.94%
金融股	12.08%
非日常生活消費品	10.32%
通訊服務	8.57%

資料來源：元大投信官網

00646 前五大產業的分布：資訊科技佔比高達 26.58%，其次是醫療保健 12.94%、金融股 12.08%、非日常生活消費品 10.32% 以及通訊服務 8.57%。**這樣的產業分布為投資者提供了一個平衡且多元的投資組合，有助於分散風險。**

　　總結而言，對於那些希望有效且迅速地投資於美國股市投資者來說，元大 S&P 500 ETF 無疑是一個很便利的選擇。

00646 前十大產業持股

（資料日期：2023.09）

APPLE INC 蘋果	**6.85%**
MICROSOFT CORP 微軟	**6.31%**
AMAZON.COM INC 亞馬遜	**3.10%**
NVIDIA CORP 輝達	**2.89%**
ALPHABET INC-CL A 谷歌	**2.09%**
TESLA INC 特斯拉	**1.86%**
META PLATFORMS INC-CLASS A 臉書	**1.79%**
ALPHABET INC-CL C 谷歌	**1.79%**
BERKSHIRE HATHAWAY INC-CL B 波克夏	**1.72%**
EXXON MOBIL CORP 埃克森美孚	**1.27%**

第四檔　富邦日本

富邦日本（00645）是**把握日本經濟轉型的投資管道，亦是相當多元且知名的成分股，更是巴菲特 2023 看好的市場。**

這一檔由富邦投信公司發行，專注在日本股市的 ETF。自2015 年成立以來，其主要目標是追蹤日本東證股價指數，簡稱TOPIX 指數。該指數是根據東京證券交易所第一部上市公司的市值加權指數。第一部包含指數中的大型公司，而第二部則包含較小的公司。

TOPIX 的特色在於它涵蓋超過兩千檔成分股。基於市值加權的計算方式，當一家公司市值較大，00645 持有的該公司股份的比重也會相對增加。**而由於 TOPIX 的多元成分股組成，投資於 00645 的資金能夠更加分散，這有助於減少單一股票或產業的風險。**

00645累積報酬率

（資料日期：2023.09）

3年	5年	成立以來
51.90%	36.13%	59.95%

資料來源：富邦投信官網

TOPIX 指數

資料來源：TradingView

2023 年，TOPIX 指數在九月份創了新高收 2,428.38 點，是自 1990 年 6 月 7 日之後的收盤新高紀錄。

過去三十年，日本經歷了低通膨和通縮的困境，但最近的經濟徵兆顯示，日本正逐步邁入溫和通膨的時代。這樣的經濟轉型為企業帶來了新的投資動力，消費者的購買意願也逐漸提升。值得注意的是，隨著通膨的走高，薪資是否能同步上升則成為關鍵問題。但幸運的是，近期已經有一些領先的企業宣布將加薪，這對於振興消費市場無疑是個正面信號。

金融市場普遍預期，隨著通膨和工資的同步增長，日本央

富邦日本 2023 報酬表現

（資料日期：2023.10.25）

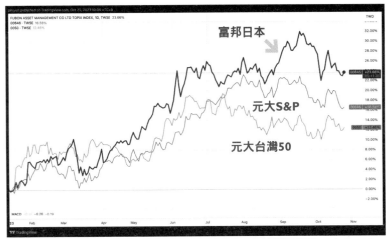

資料來源：TradingView

行可能在不遠的未來會終止目前的負利率政策，這樣的策略調整對全球金融市場將有深遠的影響。此外，股神巴菲特也表示他對日本市場持有樂觀態度，並進一步加碼投資，尤其是對日本的五大商社，這也給了市場一股正面推動力。

截至 2023 年 10 月 25 日，富邦日本的年度報酬率為 23.66%，這個表現甚至超越了元大 S&P 的 16.58% 和元大台灣 50 的 12.46%。

值得投資者關注的是，儘管富邦日本表現優越，但其基金規模僅有 16 億元，受益人約七千人，這樣的規模可能使其在市

00645 前五大產業持股

（資料日期：2023.09）

產業	持股比例
工業	21.92%
非核心消費	18.27%
資訊技術	11.90%
金融	11.47%
醫療保健	7.42%

資料來源：富邦投信官網

場上的流動性受到限制。**此外，其內扣費率 0.7% 相對較高，略高於其他主流基金。**

第五檔　元大日經225

元大日經 225（00661）持有日本知名的上市公司，成分股著重在日本股價流動性高的公司。

這是一檔追蹤日本股市的 ETF，不過它跟富邦日本追蹤的指數不同，它追蹤的是日經 225 指數。這個指數由東京證券交易所上市的前 225 家頂尖的藍籌公司組成，這些公司不僅在日本經濟中佔據重要地位，而且在全球範疇內也具有很大的影響力。例如，2023 年 9 月來說，這個指數成分股第一名的就是迅

00645 前十大產業持股

（資料日期：2023.09）

TOYOTA MOTOR CORP 豐田汽車	**4.43%**
SONY CORP 索尼	**2.58%**
MITSUBISHI UFJ FINANCIAL GROUP INC 三菱日聯金融集團	**2.39%**
NIPPON TELEGRAPH & TELEPHONE CORP 日本電信電話	**1.72%**
KEYENCE CORP 基恩士	**1.67%**
SUMITOMO MITSUI FINANCIAL GROUP INC三井住友	**1.56%**
HITACHI LTD 日立	**1.42%**
MITSUBISHI CORP 三菱	**1.40%**
HONDA MOTOR CO LTD 本田汽車	**1.26%**
TOKYO ELECTRON LTD 東京威力科創	**1.25%**

資料來源：富邦投信官網

銷公司，這間公司旗下持有品牌包括台灣人喜愛的快時尚服飾品牌 UNIQLO、GU 等。

由於日經 225 是一個按股價加權的指數，這種計算方式使得 00661 的持股中，價格較高股票的持有比例會較大。

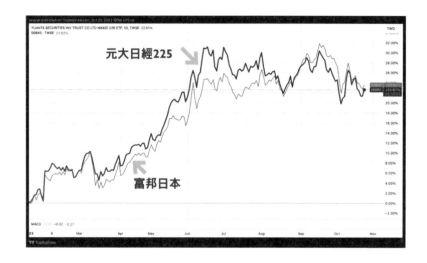

　　同樣是追蹤日本市場，追蹤日經 225 的元大日經 ETF 的內扣費用都在 0.7%。而在績效報酬方面，跟追蹤 TOPIX 的富邦日本在報酬率部分有明顯的同步性，會同時上漲跟下跌，**但元大日經通常會有漲得更多或跌得更多的傾向。**

　　元大日經 ETF 成立於 2016 年，是介紹的五檔 ETF 中成立最晚成立的，持有這檔 ETF 的受益人數 3,369 人，基金規模是 12 億，無論受益人數還是基金規模都是五檔中最少的，**因為受益人數較少，就要特別注意買賣 ETF 是否容易在自己想要的價位成交。**

00661累積報酬率

（資料日期：2023.09）

3年	5年	成立以來
38.31%	34.16%	103.35%

資料來源：元大投信官網

00661 前五大產業持股

（資料日期：2023.09）

產業	持股比例
資訊科技	19.95%
非日常生活消費品	19.63%
工業	18.18%
醫療保健	9.98%
通訊服務	9.18%

資料來源：元大投信官網

持有高股息ETF，領更多零用錢

2023 年投資 ETF 最熱門的話題應該就是高股息了。像是國泰永續高股息（00878）從 2020 上市以來，在短短的三年內，受益人數就超過百萬，是全台灣受益人數最多的一檔 ETF。

高股息的 ETF 特點是，會去追蹤那些現金股利會發比較

00661 前十大產業持股

（資料日期：2023.09）

FAST RETAILING CO LTD 迅銷	**9.53%**
TOKYO ELECTRON LTD 東京威力科創	**5.99%**
SOFTBANK GROUP CORP 軟銀集團	**3.70%**
ADVANTEST CORP 愛德萬測試	**3.24%**
KDDI CORP	**2.67%**
DAIKIN INDUSTRIES LTD 大金工業	**2.28%**
SHIN-ETSU CHEMICAL CO LTD 信越化學工業	**2.11%**
FANUC CORP 發那科株式會社	**1.89%**
TDK CORP	**1.62%**
TERUMO CORP 泰爾茂	**1.54%**

資料來源：元大投信官網

多的上市公司，然後每一季或半年把現金股利配發出來。

很多人會覺得每一季可以拿到一些現金股利，很安心，畢竟每三個月就配發的頻率比許多定存股都高。以國泰永續高股息為例，2022 年的殖利率高達 6.75%，遠高於銀行的定存利率。

所以現在 ETF 只要跟高股息有沾上邊的，自動就會吸引許多投資人的注意。

0056 除息日股價表現

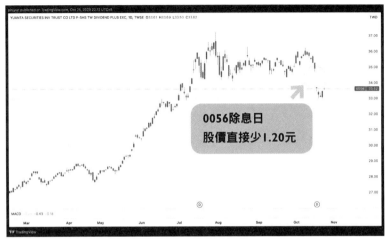

0056除息日
股價直接少1.20元

資料來源：TradingView

然而每季領到這些零用錢，你真的有賺錢嗎？

如同我在上一個章節所說的，**如果高股息 ETF 沒有填息成功，很可能領到了股利卻賠了股價，到頭來等於一場空。**

元大高股息是台灣最早成立的高股息 ETF，最近一次的除息日是在 2023 年 10 月 19 日，配發現金股利是 1.20 元，當天的收盤價相較前一天直接少了 1.25 元。並且在後續的 4 天當中還未填息成功。

填息天數有時候往往需要十幾天以上，有時候需要三個月至一年，甚至有些長達好幾年都沒有填息成功。因此填息天數，是想要透過高股息領零用錢的投資人要特別注意的。

iShares Mortgage Real Estate ETF（REM）是一款由BlackRock的iShares所發行的專注於房地產抵押市場的ETF，其組合主要投資於美國不動產投資信託（REITs）。

這些REITs主要從利息收入中受益，因此REM這一檔ETF可以提供一個相對較高的股息殖利率。這有點類似於台灣的高股息ETF，它們都是投資在能夠提供穩定和較高股息的資產上。

REM在2023年的現金殖利率高達11%，過去幾年也都徘徊在10%以上，而且是季配，這對想替自己用存股加薪的人來說，第一眼看真的很受到吸引。

REM 歷年股價

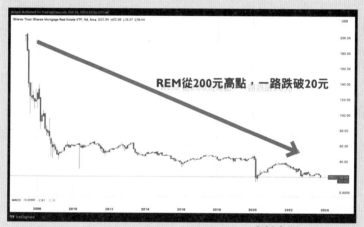

REM從200元高點，一路跌破20元

資料來源：TradingView

但等等，先別心急。你仔細看看它的股價表現，就知道事情沒那麼單純。

> REM 從 2007 年 5 月發行，一開始超過 200 元的價格，到現在一路跌破剩下 20 元的價值。這就是一個很明顯拿到股利，卻賠了股價的概念。如果一開始買一張 REM 的人，**儘管每一年拿到超過 10% 的現金股利，到現在整體仍舊是虧損 30 至 50% 的狀態。**

所以，**若想投高股息，別只盯著那誘人的現金殖利率，股價表現是否能長期穩定，也是很重要能否真正獲利的關鍵因素。**

什麼樣的人，適合去買高股息？

針對到底要買市場型還是高股息型的 ETF，廣為流傳的說法是中老年人或退休族群買高股息，年輕人買市場型，以年紀為分水嶺。用年紀分比較廣泛，具體來說應該是，**認為擁有穩定的現金流比資產累積成長重要的人，可以買高股息。**

所以像是退休的人每個月有拿零用錢，報酬還比定存好，高股息就會是不錯的選擇。

市場型 vs. 高股息型

看一下具體的數據，你會更有感覺為什麼高股息著重的是現金流。我們現在來比較，追蹤台灣股市的 0050 跟追蹤高股息成分股的高股息 ETF 0056。

0056 是台灣成立最久的高股息 ETF，這檔 ETF 著重在發

出較高的現金股利，它所追蹤的是臺灣高股息指數。

假設每個月定期定額 20,000 元，不考慮交易稅跟手續費的話，從 2018 年底開始一路定期定額到 2021 年，0050 最後累積的資產包含股利是 1,211,771 元，而 0056 則是 1,011,158。整整差了 20 萬。

0050 vs 0056 現金股利

	0050（每月平均）	0056（每月平均）
2019	4186（349）	18134（1511）
2020	15095（1258）	29753（2479）
2021	22199（1850）	46871（3906）

但是如果我們單看現金股利的話，0056 在個別年度都發的比較多，幾乎都是 0050 的兩倍以上。

雖然說，0050 比起 0056 在 2021 年總累積的資產多出了 20 萬。但是每年拿到更多的現金股利，對於需要提早把獲利提領出來當生活費使用的退休族群來說，是一個很適合他們的投資方式，畢竟報酬率還是遠優於定存。

定期定額累積資產

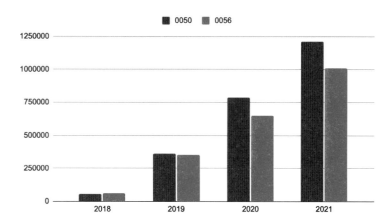

選擇想要果園還是樹林

其實，到底要不要買高股息的 ETF，沒有所謂的標準答案，主要還是看你對於資金的需求。

我常用一個概念來比喻，很多人馬上就聽懂了：**買0056，就好像是種水果，每一季都能收成，而買 0050 比較像種昂貴樹木，要很長的生長期，可是到最後會賺比較多的錢。**

假設你還是不知道自己想要的是哪種策略，可以從三個方向去思考：1. 是否有固定收入；2. 是否有閒錢，並且有 10 到20 年讓錢滾錢的時間優勢（例如剛出社會的小資族）；3. 是否真的需要定期把報酬拿回來當零用金。

從這三個思考的方向，最後我們可以有一個大致的方向選擇：

有固定收入	有閒錢可以持續投入10-20年以上都不動	想要定期把報酬拿回來當零用金	可以選擇	預期回報
✗	✗	✓	種水果（高股息）	較低
✓	✓	✗	種樹木（市場型）	最高
其他組合情況			種水果 + 種樹木（高股息&市場型兩種都持有）	中

五大高股息ETF

下頁這張表列出台灣前五大最多人持有的高股息 ETF，第一名是最受人歡迎，也就是受益人數破百萬的國泰高股息；接著則是台灣成立最久，從 2007 年就發行的元大高股息 ETF，第三名則是每個月配息的復華台灣科技優息。

可以看到，**儘管都是高股息的 ETF，但它們追蹤的指數都不一樣，代表挑選高股息的成分股規則不盡相同**，建議在投資之前到他們的投信官網，多多了解背後的選股邏輯。

下表列出這五大高股息 ETF 的配息月份跟現金殖利率。

持有高股息 ETF 投資人，最關注的當然就是現金殖利率，殖利率越高越穩定越好。

現金殖利率這個數字可以把它想像成是一檔 ETF 的利息概念，每一塊錢可以拿到多少利息。

但是每個人入手的價格都會不太一樣，所以不要預期一定會拿到這個現金殖利率的利息，**這個殖利率主要拿來作為不同 ETF 間比較的基準。** 而且現金殖利率是一個過去歷史的數據，未來能不能保持，還是取決於股價以及收到的成分股股利是否穩定。

台灣最多人入手的高股息ETF

股票代號	ETF名稱	上市日期
00878	國泰永續高股息	2020.07.20
0056	元大高股息	2007.12.26
00929	復華台灣科技優息	2023.06.09
00919	群益台灣精選高息	2022.10.20
00900	富邦特選高股息30	2021.12.22

前五大高股息ETF配息月份跟殖利率

（資料日期：2024.03.02）

股票代號	ETF名稱	配息月份	年現金殖利率(%)
00878	國泰永續高股息	2、5、8、11	7.16%
0056	元大高股息	1、4、7、10	7.74%
00929	復華台灣科技優息	每個月	7.95%
00919	群益台灣精選高息	3、6、9、12	9.64%
00900	富邦特選高股息30	2、5、8、11	3.32%

資料來源：玩股網

追蹤指數	受益人數	資產規模
MSCI臺灣ESG永續高股息精選30指數	1,139,245	2,111
臺灣高股息指數	969,639	2,268
臺灣指數公司特選臺灣上市上櫃科技優息指數	426,734	919
臺灣指數公司特選臺灣上市上櫃精選高息指數	254,398	485
臺灣指數公司特選臺灣上市上櫃高股息30指數	252,156	372

資料來源：台灣證券交易所

月月領息金三角

　　如果想要每個月領息，又想要有很不錯的現金殖利率，考量到基金規模跟配息的月份，其實很多人會一次擁有三檔高股息 ETF，來打造每個月領零用錢的組合，這三檔 ETF 就是：**國泰永續高股息（00878）、元大高股息（0056）、群益台灣精選高息（00919）。**

　　透過這三檔 ETF 組合起來，假設每一檔都買十萬元，依照他們過去現金殖利率推估，那每個月可以領以下金額：

	有領到息	00878	0056	00919
1	✓		1935	
2	✓	1790		
3	✓			2410
4	✓		1935	
5	✓	1790		
6	✓			2410
7	✓		1935	
8	✓	1790		
9	✓			2410
10	✓		1935	
11	✓	1790		
12	✓			2410

　　擁有這三檔 ETF，即便投資總額只有三十萬元，就能夠確保每個月都有固定的現金流入。而且，這三檔 ETF 都有相對大的資產規模，意味著流動性較佳，賣出時也相對容易。更重要的是，此策略不僅僅是追求每個月拿零用錢而已，由於這三檔

ETF 所追蹤的指數不同，相比單押一檔高股息，這有助於分散風險。

這種方式適合那些希望每個月都能領取一定現金收益的投資者。當然，未來的市場環境和各 ETF 的表現可能會有所變動，**但這種組合不同高股息的方式提供了一個非常實用且具體的方式，來達成既分散風險又能月月領息的目標。**

高股息該定期定額嗎？

擁有高股息的目標是收取穩的現金流，追求現金殖利率，而非長期市場成長的報酬率。

就算你要追求長期市場成長的報酬率，高股息的 ETF 也不一定能辦到。像是前面我們提到的 REM ETF，就算現金殖利率有 10％，股價一路從 200 元跌到 20 元以下，這種狀況也是有可能發生的。因為高股息主要追蹤的不是市場上最大一群股票，而是可能會發最多股息的。

所以說，用定期定額市場型的 ETF 拿來套用到高股息，我覺得是不合邏輯的。高股息 ETF 最好是算好目標價再進場，而不是無腦買。

這個目標價指的是能夠繼續維持現金殖利率的價格。

算法很簡單，目標價格＝最近一年發的股利總和／現金殖利率。

例如，假設一檔 ETF 最近一年發的現金股利總和是 1.17 元，年現金殖利率為 4.70%，目標價就會是 24.89 元（1.17/4.70% ＝ 24.89）。當投資人買入的價格低於 24.89 元，就比較有機率維持這個現金殖利率。

下表有顏色的範圍部分，就是當價格低於 24.89 元時，以過去的股息總額去回推，會有至少相同或更高的現金殖利率。用這種目標價格的方式，比較有機會消除掉拿不到該有的現金股利報酬的問題。

價格	換算殖利率
26	4.50%
25	4.68%
24.9	4.70%
23	5.09%
22	5.32%

當然，你也能把現金殖利率換成自己希望的目標進行計算。例如你希望至少有 5%，那就用同樣的公式去進行計算。

　　另外，就購買方式而言，就算你現在的資金沒辦法一次買一張，也不建議直接用定期定額的方式去存，因為很可能剛好高股息 ETF 的成分股在一個過熱的期間，那麼你買到的價格就會偏貴，反而壓縮了實際領到的現金殖利率。

　　因此，針對資金比較不足的小資投資人來說，比較好的做法是：設立銀行的子帳戶定期撥固定的金額當作高股息預備金，當 ETF 目標價進入你的目標範圍時，再逐步投入。

成為自己的老闆第二步：開始定期定額

　　我的好朋友 Joanne，也是幫我製作好好理財 IG 貼文的美編，因為家庭經濟的因素，她從讀五專開始半工半讀自己繳學費，有段時間她甚至早上五點半起床，連跑兩間早餐店打工。

　　一直到出社會後，她仍有很強烈的金錢焦慮，就算收入已經超過同年齡的人，還是會到處找兼職的機會，不敢花錢也不敢接觸投資。因為她覺得投資有賺有賠，她無法承受看到自己的錢投入股市卻下跌。

　　「你幫我畫了這麼多關於定期定額 ETF 貼文的圖，要不要真的試試看，當作投資的第一步？」某天我這麼問她。

　　「好，看你提到那麼多數據及好處，我試試看好了。」

　　結果 Joanne 的定期定額旅程就從 2020 年開始，一直到現在滿三年了，從每個月 0050 買 5,000 塊，現在加碼到 17,000 元。

「如果能重來，7 年前開始出社會工作，我會馬上開始定期定額 ETF。」她說。

Joanne 有金錢焦慮，花大錢買東西時會感到內疚，也希望每件事情都能在自己的掌控之下。但自從 2020 年首次開始定期定額後，她就停不下來了。

Joanne真情告白定期定額的好處

1 開始投資後，逐漸降低對金錢的焦慮

定期定額投資的穩定性，讓我逐漸減少了對金錢的擔憂。透過定期的投資，我建立了一種穩固的財務基礎，使得財務波動不再成為我的主要焦點，而更能專注於個人成長，更能夠花錢投資自己。例如回到研究所唸書，是我五專畢業之後一直想完成的事情，後來工作五年後真的去做了！

2 應該更早一點開始

開始接觸定期定額後，發現複利的力量真的很強大，有時會想應該要更早開始的。如果從五專打工就開始投入，一切可能會更加不同，這讓我意識到財務規畫應該從早期就成為生活的一部分。

3 對未來有信心，更敢做夢

過去因為經濟狀況的因素，我對於未來規畫總是保守且悲觀。隨著定期定額的穩步成長，我對未來的財務狀況充滿信心。這種信心不僅來自投資的回報，更來自於對自己財務規畫的了解，知道我正在朝著更好的未來邁進，更敢做夢計畫未來。

金錢觀轉變，與金錢的關係變好

定期定額投資改變了我對金錢的觀念，從過去的擔憂和限制轉變為更開放和自信的態度。我現在更能理解花錢的價值，並在有計畫的情況下更自在地運用金錢，而不再感到害怕或束縛。

謝謝好好理財主編鼓勵我定期定額

有時候明明認同一件事情，心裡知道該去做，但總是會有很多恐懼。主編把過去數據列出來給我看之後，我覺得既然她都推我一把了，就來試試看。我歷經了 2022 年股市的修正，親眼看到自己的資產上上下下，但又能感受到股市有一股強韌的長期趨勢向上的力量，所以在 2023 年我又繼續加碼了。我希望我可以這麼再做十年，四十歲的自己會有很不錯的資產累積，可以做更多自己想做的事情！

Joanne 不是我第一個推薦定期定額的朋友，也不會是我的最後一個。我覺得在所有投資建議當中，最簡單開始投資的第一步，就是定期定額 ETF。而現在正在讀這本書的你，如果不到要怎麼開始透過投資賺取收入，我也希望 Joanne 的心路歷程能夠激勵你也勇敢跨出第一步。

接下來，我會一步一步說明，從選券商開戶到怎麼分析評估定期定額的數據，最後真的設定完成人生的第一筆定期定額，幫助你更快達成理財目標。

證券戶開戶怎麼選？

　　ETF 是一種在證券市場交易的商品，因此要買賣 ETF 必須要開證券戶，定期定額也不例外。證券戶要找證券商開，不是銀行。

　　台灣目前最大的幾間證券商都有針對定期定額 ETF 提供自動下單的服務。使用者只要設定想要買什麼標的、每個月要下多少錢跟下單的日期，設定這一次之後，券商就會每個月替你交易。

　　我們要怎麼選擇證券商呢？選擇證券商主要從四點來評估：

1. **手續費**：比較各家券商的手續費率。手續費對於小額投資者尤其重要，因為高費用可能會吃掉投資回報。尤其因為券商競爭激烈，現在許多定期定額手續費都是最低一元，可以用這個基準去做判斷。

2. **平台穩定性**：上網看一下券商的交易 App 評價，是否穩定、容易操作。

3. **客服品質**：選擇提供良好客服的券商可以在你遇到問題時快速給予解答。

4. ETF 能選擇的數量：確認券商的定期定額是否提供你感興趣的 ETF 或其他投資產品。

以上注意事項中，最後一點尤其重要。每一家券商提供能夠定期定額的 ETF 數量不盡相同，請先到他們的官網查看是否有提供你想定期定額的標的，再進行開戶。

在 2023 年中，我在 IG 上發問，希望了解大家對於使用定期定額券商的建議。獲得的回饋主要集中在三家：永豐金證券、國泰證券與元大證券。

以上幾家證券公司針對定期定額的功能，網站與 App 下單都相對成熟穩定，不知道要開哪一間證券戶的投資朋友，可以先從這三家去研究。

現在開戶已經很便利，大部分都是線上就能完成。你只需要找到喜歡的證券商，從官網找到開戶的入口就能開始。

另外開戶前，請先準備好三樣東西：**身分證、健保卡或駕照以及銀行存摺（之後用來扣款的帳戶）**，依照券商的流程，拍下你的身分證跟第二證件，並填入相關的個人資訊、銀行帳戶資訊就完成開戶流程了。然後便能開始你的第一筆定期定額了！

開始第一筆定期定額

投資的時候最怕人云亦云，大家都在買高股息所以我也跟風去買，這種情況是最危險的，因為你不知道自己能獲得多少報酬，可能會面臨什麼風險。因此，在開始第一筆定期定額前，我們應該先處理進行定期定額 ETF 時最常見的兩個問題：

不知道要存多久，之後能有多少錢？

過去哪一檔 ETF 定期定額真的有賺錢？

我遇見太多新手小白來問我這個問題了，為了解答疑惑，我在 2023 年寫了一個 ETF 精選神器的 App，上架首週就成為財經排行榜第一名，目前累計將近十萬人下載。

ETF精選神器 – 立即算出定期定額存多少 4+
好好理財，草莓老大的嘔心瀝血之作
Pin Jyun Lin
專為 iPhone 設計
★★★★★ 4.9・382 則評分
免費・提供 App 內購買
在此平台查看：Mac App Store ↗

ios 掃描下載

android 掃描下載

利用ETF精選神器預估報酬

　　這個 ETF 精選神器可以很快地幫助你理解，哪些 ETF 過去定期定額賺到多少錢，還能協助你預估未來的表現，是定期定額 ETF 絕對需要的工具。

　　現在我們以想要投資 0050 為例，教你怎麼透過精選神器有一個更具體、更透明的數據評估方式。

STEP **01** 搜尋 0050

　　進入 ETF 列表之後，選擇放大鏡，並搜尋 0050，點擊進入。

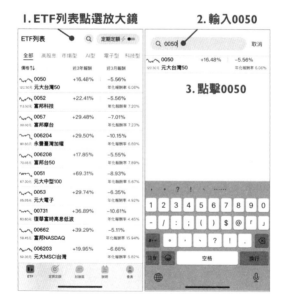

查看過去 0050 定期定額表現

我們可以從過去定期定額的歷史，在心裡預估知道如果 0050 維持同樣的過去表現，未來的自己會賺多少，以及成長的速度快慢等，也能夠讓自己更堅定有信心的進行定期定額。

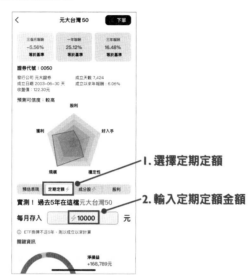

1. 選擇定期定額

2. 輸入定期定額金額

STEP 02 從關鍵資訊直接看結論

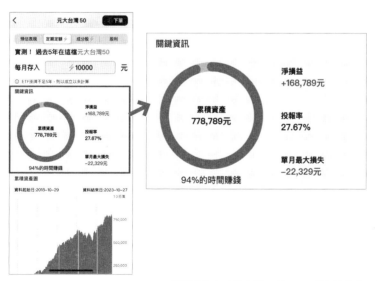

1. **累積資產（全部賣掉，會有多少錢）：** 778,789 元，這個代表定期定額五年、每個月投入 10,000 元，0050 上漲之後的市值加上領到的所有現金股利，總共有這些錢。

2. **淨損益（賺獲賠的金額）：** +168,789 元，是指總共淨賺的錢，是上面的累積資產扣掉你存入所有本金。

3. **投報率：** 27.67%，是整體的報酬率，每 100 元可以賺 27.67 元的概念。

4. **單月最大損失：** 定期定額的期間你承受到的最大損失，就是說 0050 如果有下跌，你手上的 ETF 市值所面臨的最大損失。

5. **94% 的時間賺錢：** 代表你開始定期定額之後，ETF 市值加上拿到的所有現金股利，有 94% 的天數都是賺錢的。

從累積的資產圖查看資產獲利曲線

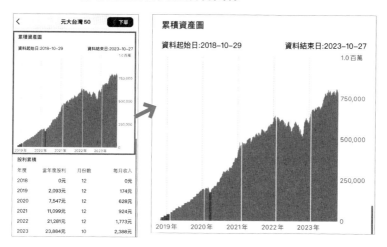

從圖中我們可以看到定期定額中每天的變化狀況，可以發現 0050 在 2023 年的成長幅度更大。**同時也代表定期定額的本金累積到一定的規模，隨著股市報酬的上漲，錢滾錢的複利效應會更明顯。**

另外，圖表中灰色區域的部分代表整體持有狀況是虧損狀態，灰色區域越多，代表持有的天數中有越多天是賠錢的。

STEP **03** 看每年收到的股利

股利累積			
年度	當年度股利	月份數	每月收入
2018	0元	12	0元
2019	2,093元	12	174元
2020	7,547元	12	628元
2021	11,099元	12	924元
2022	21,281元	12	1,773元
2023	23,884元	10	2,388元

　　過去定期定額能收到的股利也是很多投資人關心的，畢竟能夠收到一些現金，就好像天上掉下來的禮物，可以買一些自己喜歡的東西。因此我特別列出股利累積的部分。

1. 當年度股利：依照定期定額股數換算會拿到的現金股利總和。

2. 月份數：經歷的月份期間，2023 年的月份數只有 10，代表當下還沒過完一整年，是來到十月。

3. 每月收入：換算當年度收到的現金股利平均分配給每個月是收到多少錢，其實是想提供一個每月幫自己加薪多少錢的資訊。

STEP 04 看每年的累積資產

最後，在定期定額歷史中要看的，也是大家最關心的，到底賺多少錢、累積了多少資產。

1. 年度資產損益（那一年我賺賠多少）：當年度賺或賠多少錢，是比較那一個年度的淨賺或淨賠。

2. 累積投入成本（我總共投入多少錢）：每個月投入 10,000 元，即總共投入的成本。

3. 資產總價值：目前手頭上的 0050 市值，也就是整個賣掉之後會有多少錢。

透過上述的幾項資訊,你完全能夠掌握一檔 ETF 過去歷史的表現,包含收到多少股利、哪一年賠多少錢、總共累積多少資產。透過歷史的表現也能知道未來自己可能面臨什麼樣子的風險,像是 0050 在 2022 年度就是虧損的,因此可以提前做好定期定額 ETF 必然有幾年會面臨虧損的心理準備。

STEP 05 預估定期定額 0050 未來的表現

能夠看到未來可以賺多少錢，是定期定額 ETF 的人最關心的數字，有一個預估表可以幫助我們更加了解：1. 要存多久；2. 要投入多少金額。

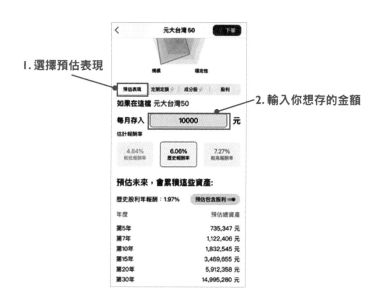

我在 ETF 精選神器也提供了一個試算預估表現的功能，以過去歷史報酬率進行預估，幫助你更好分析。（注意：過去表現不代表在未來會重現，僅能作為一種參考。）

查看預估結果

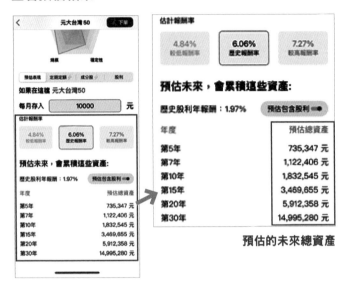

預估的未來總資產

預估結果相對單純，其實就是用歷史報酬率加上股利的年報酬去推估。如果同樣的報酬維持下去的話，分別在五、七、十到三十年預期會得到多少資產。

像是以 0050 去預估的話，每年投入 10,000 元，過去歷史的年報酬加上預期會發放的現金股利，如果維持過去表現的話，預估未來到第三十年會得到 14,995,280 元的資產。

1. 預估總資產：預估的現金股利 + 預估到時候手上 ETF 的市值。

2. 歷史報酬率：ETF 成立以來的年化報酬率。

3. 歷史股利年報酬：過去配發的現金股利年化報酬率。

定期定額ETF的注意事項

一定要確保扣款帳戶裡有足夠的資金

有一些券商的定期定額扣款，如果資金不足會當作交易取消。但有一些則是會完成交易，如果在 T+2 日（定期定額日期的後兩日）裡沒有扣到款，會視同違約，是非常嚴重的！不僅破壞信用紀錄，嚴重還可能會有刑事責任，所以務必確保你的扣款帳戶有足夠的資金。

記得確認當月是否有成功買到

因為設定定期定額時可能是以開盤價去委託，或是一些特殊的委託機制，這不一定能確保我們會成功交易到，最好的方式還是主動確認是否有成功買到。**如果你發現用目前的價格設定購買都無法順利成交，有可能就是零股交易的價格流動性較差，可以調整金額或者設定比較容易成交到的委託方式。**

保持耐心，不要輕易取消

　　很多人看到帳面上的金額沒有成長，或是遇到短期的波動、看到資產下跌，就會因為一時慌張取消定期定額，這樣反而失去了定期定額要攤平成本的目的了。因此設定好定期定額後，一定要忍住，保持紀律，因為時間越長，越有機會享受股市因為科技進步帶來的長期獲利，說不定你取消的那一刻，股市就正要起飛了！

成為自己的老闆第三步：耐心持有

股市的成長需要等待

台灣加權指數在 2013 年 1 月的時候是 7850 點，到了 2021 年的時候突破了 18000 點，這中間經過了八年。

有多少投資台股市場型 ETF 的人賺到這波股市上漲帶來的報酬呢？有些人可能太早下車，有些人則是猜錯進場點。像是在 2021 年 18000 點進場，在這種情況下到現在反而就會是賠錢的狀態。在這段期間內不去猜市場漲跌的人，定期定額購買 ETF，像是 0050 這樣的商品，獲利的機率意想不到吧，是百分之百！

這樣的人有特別聰明嗎？老實說，沒有。那他有預判到市場什麼時候會漲嗎？也沒有。關鍵是什麼呢？

關鍵是他在 2015 年下跌時沒有賣出，持續進場定期定額；關鍵是他在 2020 年小漲一波時也沒有賣出，持續進場定期定

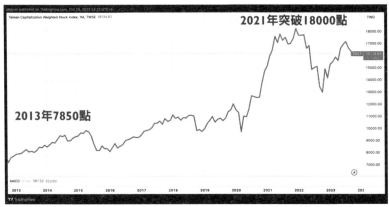

台灣加權指數

2021年突破18000點

2013年7850點

資料來源：TradingView

額。一切都是因為他有耐心等待，並且有紀律的執行。

其實，定期定額 ETF 最關鍵的，就是等待跟紀律。因此，既然開始了，就別給自己理由輕易的放棄，這是在一開始定期定額 ETF 時就必須擁有的決心。

不要用一條直線的看法看股市

人類非常習慣線性思考，就連看待股市也習慣用線性思維，這是造成自己沒有耐心抱到最後的關鍵原因。

線性思考是指人們傾向於以直線或連續的方式看待事物，

從起點到終點，而不考慮可能的曲線或中間的變數。這種思考方式很像看待一條從 A 點到 B 點的直線，而不是一條起伏的山路。人們之所以習慣於這種線性思考，主要是因為這種模型簡單、直觀，且易於理解和預測。

在日常生活中，許多事情都是按照某種順序或模式進行的，這使我們很自然地認為事情應該是有序的、連續的。然而，這種思考方式可能會限制我們的視野，使我們忽略其他可能的結果或變數，就連對股市的看法也是這樣。

我們常常覺得如果股市要上漲了，心中會有預期在買進後的不久會一路上漲。但其實走勢往往在我們沒有預期的時候上漲，在我們覺得應該要上漲的時候下跌。從起點到理想中的目標終點，這中間必定是經過無數波段轉折。

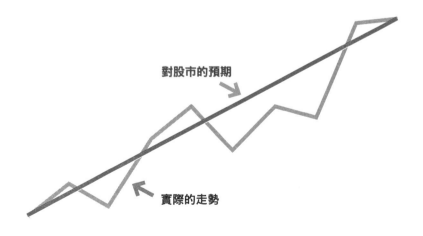

對股市的預期

實際的走勢

因為心中對於股市應該要一路上漲的預期，往往導致投資市場型 ETF 的人出現三種行為：**買在高點、賣在低點、提早出脫**。

　　因為看到高點，就認為股市會繼續一條直線上漲，直到發現不如預期，背離自己在世界中所認知的經驗，就會覺得不對勁要賣股。因此讓自己提早出脫手上的 ETF，沒有賺到真正的報酬。

　　實際來看台灣加權指數歷年的漲跌幅，你會發現的確不是每一年都是上漲的，甚至 2008 年更是下跌將近 50%，隔年再大漲超過 50%。

台灣加權指數歷年漲跌幅

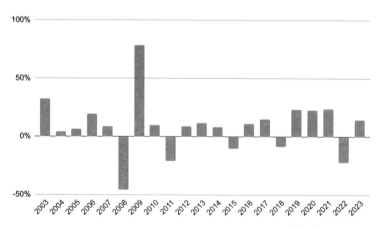

資料來源：玩股網

像股市這樣非線性的上上下下波動，在生活中我們很少能夠體驗到。一個排骨便當的價格很少會今年 95 元，明年 55 元，後年 105 元，反而是感受到每幾年就多 5 元的漲幅。

所以我們很容易從生活中的體驗去預測股市，但越是如此預期，就越容易沒有耐心。**要能夠保持耐心定期定額，最好的預期是把股市當作一個脾氣暴躁的先生，有時候走得很快，有時候慢，有時候還會故意往反方向跑，但是他始終會往前走到目的地。**

你只要願意跟在市場先生的身邊，就能跟他到更遠的目的地，看到更好的風景，也就是賺取股市長期投資的正報酬。

定期定額市場型ETF，保持耐心的五個具體方法

方法一　設定清晰的投資目標

深入思考你為什麼要投資，是為了退休、為孩子的教育還是其他長期目標？當你有一個明確的方向，即使面對市場的起伏，你也能鞏固信心，持續前行。你也可以透過之前介紹的北極星指標來幫助自己專注於當下的目標，例如每個月存一張市場型 ETF，而不去多想股市目前的報酬表現。

方法二　定期檢視而非過度檢視

　　避免每天都查看你的投資組合，應該以定期方式，例如每三個月或半年一次，回顧並做適度的調整如調整金額、或是買賣的委託價，這樣就足夠了。過度關注市場波動只會增加你的焦慮。就像自己每天去看花開了沒，並不會加速花的生長，還可能因此過度焦慮，做出過多的調整，例如多澆水、多施肥，反而把花給養死了。最好的方式是等待花開的那天，保持原本的紀律，不去過度檢視當下的報酬績效。

方法三　了解市場是非線性的

　　市場總會有起伏，但長期來看，它一直在成長。當你看到市場下跌時，相信它最終會恢復並再次成長。心中必須有個預期：股市是不可預測的，但長期來說，一個成熟的經濟體股市會向上。

方法四　不要過度解讀財經新聞

　　財經新聞時常會強調市場的短期波動，但對於定期定額的投資者，短期的消息影響應被視為噪音。過度投入或受新聞影響可能會干擾你的長期投資策略。記住，定期定額的策略是基

於長期的市場表現，而非短期的新聞事件。

方法五　找到夥伴

找朋友一起定期定額 ETF。當你感到氣餒或失落時，你們可以互相鼓勵，一起為了未來的長期報酬保持紀律。你也可以去追蹤一些有在定期定額 ETF 的社群媒體，透過分享持續不斷的提醒自己，紀律跟耐心是定期定額 ETF 最重要的事情。

當我們選擇透過定期定額的 ETF 投資，其實是選擇了一種信念和持續性，它超越了單純的數字與報酬率，而是代表著我們對於這個社會未來的堅定期待，相信一個市場會隨著科技進步而提升經濟產出。

把時間拉長來看，每一次的市場波動不過是股市成長中的一小段插曲。真正的價值在於我們是否能夠在這短暫的波動中，看見遠大的未來，看見自己成為真正的主宰、掌握自己命運的那一天。定期定額 ETF 有助於我們更早達到這個自由，也能鍛鍊我們的意志。所以，當外界的噪音和挑戰湧入生活，當疑惑和不確定籠罩你的心靈，請記得自己的初心。

在投資的路上，我們都會面對挑戰，但真正的價值在於我們沒有放棄，並且對於投資理財抱持正向的態度，相信世界上

有一群很努力的人，正在為了提供人類更好的生活發展出新的科技，創造出新的價值。 而我們用錢去支持這些人，參與了這件事，長期下來，除了賺到錢，還能從這個經歷中思考自己在這個世界中究竟想成為什麼樣的人。

願我們都能在這旅程上找到真正的自己，並活出那最真實的人生。

CH6

學習成為自己最好的員工，設定目標，肯定自我

職場上做自己最好的員工

設定職涯目標：薪資 vs. 成就

畢業多年後的同學會，除了基本的寒暄閒話家常，最常聊到的不外乎是現在哪裡工作、工作內容是什麼、賺多少錢。聊一聊我們就開始在心中默默地用自己跟對方比較，回到家後開始反思自己的發展是好或壞，還沒想到這個問題的答案，緊接在後的就是隔天早上又要進公司開晨會。

與別人比較是再正常不過的事了，與其反人性的硬是要求自己不去比較別人與自己，還不如把專注力放在「自己」與別人的差異之上，去思考「我」可以怎麼成就更好的自己。

首先，你要想想：我的目標是什麼？

你必須很誠實的問自己，自己所追求的是什麼。

有些人追求絕對薪資，也就是追逐更高的薪水數字，比如

每年的收入達到特定的金額；而有些人追求累積成就，他們更關注在工作中取得的成就和貢獻。這可能包括專業的成長、在領域中的卓越表現，以及對社會產生的積極影響。

	追求薪資成長	追求累積成就
主要目標	達到特定高年薪，與現實考量作為相關	積累成就和貢獻，與夢想較為相關
焦點	主要關注薪資的金額	注重專業成長、在領域中的卓越表現，以及對社會的影響力
衡量標準	較為量化的收入目標數字	較為質化的成就和貢獻的認可
工作滿意度	工作滿意度可能與薪水多寡密切相關	工作滿意度來自於成就感和對環境產生影響的滿足感

追求薪資或是追求成就，這兩者沒有絕對的對錯，也不是只能選擇一種作為目標。

實際上，很多人在職涯中同時追求這兩者並尋找平衡點，讓自己既有經濟穩定，又能在工作中取得成就和滿足感。

但我從身邊的例子看到，兩者兼具的目標較難達成又或是不好尋找。魚與熊掌難以兼得，我會建議先和自己好好對話，

了解自己內心最渴望的是什麼，做出選擇或目標排序。

三步驟釐清目標

想要確立自己職涯前進方向，先從這些地方著手：**選定目標 → 拆解目標 → 檢視環境。**

以下例子將以一位產品設計師小 A 為例，你可以在了解方法後自由切換成為你的職能項目。

選定目標

以一名產品設計師為例，設計職能到了某一階段後就會分成管理職或是技術職。管理職亦即成為一名傑出的設計主管管理組織，通常可以規律性的、一步步往上攀升後，領取對應的薪資。技術職不同於管理職的規律晉升，而是在每一個項目的優秀表現中積累經驗和聲望。這種情況下，薪資的提升可能更與個人的創造力、經驗豐富度，甚至是運氣等因素相關。

若小 A 希望以穩定的薪資攀升為目標，則會選擇管理職作為主要的職涯發展方向。

拆解目標

　　以管理職為目標的小 A，可以將這樣的目標簡化為一句話：「我該如何成為一位優秀的主管？」並且嘗試拆解目標。拆解目標的好處在於讓虛無的理想落地，成為一項項可以明確實踐的目標。透過目標的拆解可以隨時檢視自己的進展，讓整個目標變得更具體、更容易實現。想要成為一位好的設計主管，

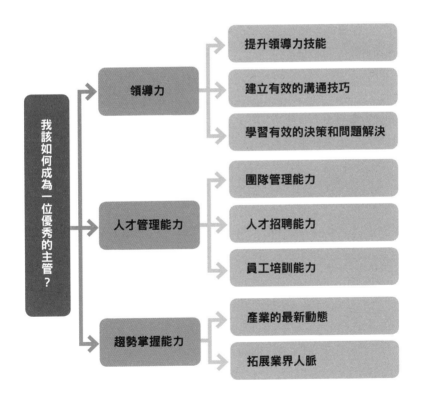

核心能力	拆解能力	所需元素（環境、場景等）	現在的職場環境是否具備
領導力	提升領導能力	領導團隊、專案的機會	
	溝通能力	多種利益關係人的場景例如：跨專案、跨階級等	
	決策和問題解決能力	具有主導性的專案	
人才管理能力	團隊管理能力	管理三人以上的團隊	
	人才招募能力	主導招募人才的流程	
	員工訓練能力	訓練新進人員的機會	
趨勢掌握能力	產業的最新動態	外部培訓機會	
	拓展業界人脈	產業交流機會	

小 A 需要具備的核心能力為：領導力、人才管理力以及趨勢掌握能力。再針對個別能力拆解出培養此能力需要執行的事項為何。

檢視環境

完成上述的目標拆解後，接著小 A 透過檢視目前的職場環

境了解是否可以讓這些目標有發展可能性。

透過這樣的表格，你可以清楚看見目前的職場環境對你的目標是否帶來幫助。「我該離職嗎？」很常盤旋在大家的心中，沒辦法得到答案時，這樣的表格可以讓你清楚看見在這間公司裡除了薪水以外，你還能獲得哪些東西，這間公司對你來說是否還有價值。

請記得**「你沒有不好，只是在不對的市場」**。了解前面的目標制定、目標拆解以及檢視環境的步驟後，你會發現離開一間公司或是找不到適合自己的公司，有可能不是因為你不夠好，只是因為你在不對的環境裡尋找不存在的可能性。

如果困在目前的工作裡感到不快樂與痛苦，每晚睡前想到隔天要上班就感到痛苦，早上提不起勁去公司，對工作內容感到倦怠沒精神（當然，睡不飽很正常。這邊討論的是身心上的疲倦）卻又不敢離開這份工作，因為擔心自己找不到下一份工作，而卡在死胡同裡。請回到前面的章節，可以試著先確認你的職業目標和生活目標，並且拆解目標，接著看看目前的工作是否能提供你達到目標的途徑。如果不符，那麼勇敢地尋找新的機會可能是解脫的一種方式。這不可能是你唯一的一份工作，你也不可能猶如你想像的如此渺小，留在這份工作中雖然

似乎是一種穩定，但嘗試迎向變化，也許會帶來更多的成長和滿足感，因為每個人都擁有無限可能。

找到最適合自己的工作

如果你正在找工作，努力準備後面試數次還是失敗。努力準備履歷、作品集、練習面試後，都還是找不到工作，數次碰壁後開始焦慮、懷疑自己是否能力不足、是否讀錯科系，最後開始貶低自己。

我想再次告訴你「你沒有不好，只是在不對的市場」，請相信自己，永遠都會有適合你的工作。沒有絕對差勁的員工，也沒有絕對優良的工作，只有相互合適的工作與員工。

我的朋友是一名外商公司的人力資源部門主管，他曾經跟我分享：「我們要找的不是最優秀的員工，而是最適合公司的人。有時候太強的人，我們可能還不敢用！」在那場聚餐中，他向在座的朋友分析一間公司是如何找人的，他列出下面幾個求才重點：

第一重要：適不適合

企業強調員工是否適合公司文化和價值觀，這包括個人的價值觀、工作風格以及對公司使命的共鳴。這是確保員工能融

入公司並更容易適應工作環境的關鍵因素。

第二重要：人格

人格特質對於團隊合作和組織氛圍至關重要，企業通常關注潛在員工的領導能力、溝通技巧以及應對挑戰的積極態度。這有助於確保新成員的加入不僅提升工作效能，還可促進整體團隊的積極動力。

第三重要：技能

優秀的技能當然是必不可少的。然而，技能通常可以透過培訓和學習來提高，而文化適應性和良好的人際關係更難以培養。企業可能更傾向於挑選具有學習意願和適應能力的候選人，而非僅僅注重其現有技能。

在求職的道路上，若你歷經多次面試失敗和碰壁，別對自己過度苛責，請相信自己終究會找到一份最適合的工作。

後記

　　親愛的讀者，謝謝你願意閱讀《好好理財》這本書，作為踏出理財第一步的參考。

　　希望讀者一讀完就能夠知道配置資金的方法、了解 ETF 的基本精神，並有能力判斷哪些是適合長期投資的 ETF 標的，是我寫這本書的初衷，同時也希望你們都能透過這本書自信地踏出投資的第一步！

　　但凡這本書幫助你做出某種投資決策，或是解決你對於 ETF 的疑惑，就是功德圓滿了！

　　老實說，這本書並不是在分享我個人多特別的投資方法，或是什麼不為人知的賺錢秘密。書中絕大部分內容，是我經由個人的投資經驗，回答不同網友的問題，並且上網找答案閱讀大師的書，慢慢累積而成。

　　有些比較進階一點的內容，後來決定在本書中捨棄，例如：股債配置、槓桿型 ETF、資產再平衡等概念，捨棄的目的是為了要讓所有投資小白都能夠讀懂書中的每一頁，這些概念當然也很值得認識，如果讀完《好好理財》讓你對投資理財開始有興趣了，推薦你上網搜尋或是私訊我的 IG 詢問我。當然，

我也期待我接下來能有一本內容更進階一點的書，介紹這些來不及說完的內容給大家。

身為一名工程師，寫作對我來說其實是一項巨大的挑戰，過去五年的工作經歷裡，我其實沒有任何一天需要寫超過一千字的文件，也很少用書寫的方式傳達自己的概念。所以寫作的過程對我來說真的很痛苦，大概每三天就有一天想要放棄，幸好最好還是順利完成了，希望下一本書，可以減少頻率到一個禮拜想要放棄一天就好。

在書寫的過程中，有一句 TED 的名言給我很大的激勵：「IDEAS WORTH SPREADING，有些想法就是值得分享。」這句話給我很大的動力，讓我跳脫舒適圈，激勵我將值得分享的投資方法擴散給更多的讀者。

對我來說，這本書不是宣傳我個人，而是宣傳許多了不起的人物他們想推廣的理念，像是約翰 · 伯格致力於推動被動投資，就是我特別喜歡的一段歷史。

如果可以，我也想邀請你，把你在這本書看到的內容，像是怎麼定期定額 ETF，分享給你身邊的朋友和家人，讓書中的

概念能夠持續被推廣出去。也祝福你，在投資的路途上，能夠保持理性，做出最適合你的選擇！

最後，我想特別感謝一些人，沒有他們，這本書不會誕生。

謝謝，潔安、國鳴、玉佳以及曾經在 IG 上跟我討論各式各樣理財投資問題的人們。

創新觀點

好好理財

善用記帳 x ETF 投資，打好與金錢的關係，提早十年完成夢想

2024年2月初版　　　　　　　　　　　　　　　定價：新臺幣360元
2024年5月初版第六刷
有著作權・翻印必究
Printed in Taiwan.

著　　者	Marra	
叢書編輯	連　玉　佳	
校　　對	鄭　碧　君	
內文排版	林　婕　瀅	
封面設計	FE設計葉馥儀	

出　版　者	聯經出版事業股份有限公司	副總編輯	陳　逸　華
地　　　址	新北市汐止區大同路一段369號1樓	總　編　輯	涂　豐　恩
叢書編輯電話	（02）86925588轉5315	總　經　理	陳　芝　宇
台北聯經書房	台北市新生南路三段94號	社　　長	羅　國　俊
電　　　話	（02）23620308	發　行　人	林　載　爵
郵政劃撥帳戶第0100559-3號			
郵撥電話	（02）23620308		
印　刷　者	文聯彩色製版印刷有限公司		
總　經　銷	聯合發行股份有限公司		
發　行　所	新北市新店區寶橋路235巷6弄6號2樓		
電　　　話	（02）29178022		

行政院新聞局出版事業登記證局版臺業字第0130號

本書如有缺頁，破損，倒裝請寄回台北聯經書房更換。　　ISBN　978-957-08-7259-0 (平裝)
聯經網址：www.linkingbooks.com.tw
電子信箱：linking@udngroup.com

國家圖書館出版品預行編目資料

好好理財：善用記帳 X ETF 投資，打好與金錢的關係，
提早十年完成夢想/ Marra 著 . 初版 . 新北市 . 聯經 . 2024 年 2 月 .
280 面 . 14.8×21 公分（創新觀點）
ISBN　978-957-08-7259-0（平裝）
[2024年5月初版第六刷]

1.CST：基金　2. CST：投資　3.CST：理財

563.5　　　　　　　　　　　　　　　　　　　112022650